The Power of The Word

世界の古典と
賢者の知恵に学ぶ

言葉の力

by Shin Do Hyun / Yoon Na Roo
シン・ドヒョン
ユン・ナル
米津篤八 訳

かんき出版

はじめに

「灯《ともしび》一つが千年の闇を追い払う［一燈能除千年暗］」ということわざがある。日の光が一度も差し込んだことのない山奥の洞窟も、小さな灯一つでたちまち明るくなる。

言葉の力も、それと同じだ。真心のこもったひと言が、人と人の間を引き裂いてきた古傷を癒《い》やしてくれる。

去年から私は、国家の記念式典をテレビで必ず見るようになった。これまでの政権とはひと味違うスタイルの文在寅《ムンジェイン》大統領の式辞を聞きながら、国のために功を挙げた人たちや、命を捧げた英雄の遺族たちは泣き笑いする。もちろん、その姿を見守る国民や私も同様だ。大統領の言葉に感動する理由は単純だ。みんなが心から聞きたかった言葉、国家の責任者として言うべき言葉を、真心を込めて口にするからだ。

一つの言葉には、語り手と聞き手の両方の人生が込められている。まず語り手が、自分の人生の意味を込めて言葉を紡《つむ》ぎ出す。次に聞き手が、その言葉を受け止め、自分の人生に当てはめて解釈する。このようなやりとりが言葉を生み出す。

だから「話し上手」とは、単に話術に長けているというより、絶えず自分を省みて成長し、他人に関心を傾けて理解し、その場の状況を読み取る目を備えた、総合的な力を指す。つまり、「言葉の勉強」というのは、その境地に至ろうとして努力する過程のことだと言っていい。

話術に関する本はすでにたくさん出回っているが、そのほとんどは実用書だ。そのため、どうしても中身は単調になる。話し上手になるための努力の過程をすっ飛ばして、名スピーチの実例やテクニックの紹介に終始し、ただ言い回しの問題にとらわれているために、どんな意味を言葉に込めるのかという、最も肝心な点を見逃している場合が多い。

もちろんノウハウは大切だ。しかし、ここで言葉に関する本を新たに一冊追加しようとするなら、従来のノウハウ本とははっきり違った視点を打ち出すべきだろう。そこで本書では、すぐに話し上手になるテクニックよりも、あなたの言葉の使い方を根本から変える方法を提示したいと思う。

そのために本書は人文学の力、特に東洋と西洋の古典や賢者たちの言葉を引用して、彼らの知恵を拝借することにした。人文学は他のどの学問よりも言葉について深く探求し、繊細にアプローチする分野だからだ。とはいえ、言葉それ自体を目的にしているわけではない。言葉はあくまで、自分と世の中を変えるための手段なのだ。

人文学の知恵によって言葉の使い方を根本から変えることで、あなたは自分自身を厳しい世の中から守ることができるだろう。言葉を磨きながら自分自身を磨き、言葉を通じて世間と賢く折り合う方法も身につけられる。自分の意志を貫きながら、同時に危険を避けて身を守るには、言葉をどう使えばいいのかも学ぶことができる。

あなたが本当の話し上手になりたいのなら、自分を磨きながら、必要なものを地道に積み上げていかなければならない。本書はそのプロセスを8つの段階にまとめた。

各章のはじめに内容をざっとまとめたうえで、東洋と西洋の古典や賢者の言葉を引用しながら本論を展開する形式をとる。古典を紐解くのは、その解説をすることが目的ではなく、言葉を考える材料として扱うためだ。

ここでざっと各章の説明をしておこう。〈修養〉と〈観点〉、〈知性〉と〈創意工夫〉は、言葉を口にする前の準備と習得の段階だ。〈傾聴〉では聞き方を学び、〈質問〉では話し方を扱う。さらに〈話術〉では具体的な話し方の原則を学び、最終段階の〈自由〉では、それまでに学んだ話術を実践に移し、より良い生き方へと踏み出すための方法を考える。〈実践〉の章では、良い話し方の実例を挙げている。

科学哲学者トーマス・クーンは、「パラダイムを変えたからといって、ただちに世界が変わるわけではないが、パラダイムを変えてこそ、新しい世界で生きる道が開ける」と言った。

本書があなたの言葉のパラダイムを変え、最終的にはあなたの人生とこの世の中を変えるための道案内になれば幸いである。

シン・ドヒョン

第3章 知性 言葉に深みを持たせるには

第4章 創意工夫 生き生きした話術

実践 賢者たちから言葉の力を学ぶ

凡例
引用文は読者が理解しやすいよう意訳した箇所もある。
本のタイトルは『』で、短編・論文・記事のタイトルは「」で表記した。
※本書に掲載した作者の生没年については原書に拠る。

ブックデザイン　三森健太（JUNGLE）
イラスト　丹下京子
DTP　Office SASAI
翻訳協力　リベル

第1章

修養

言葉の器の育て方

一般に、人の成熟度は
「器の大きさ」としてたとえられる。
言葉の勉強とは、まず人の器を育てることから始まる。
ここで肝心なことは、自己肯定感をはぐくみ、
感情をうまくマネジメントする方法を身につけることだ。
自己肯定感とは、自分を愛すること。
自分を愛してやれば、自分を隠したり、
大きく見せようとしたりせず、
相手との健全なコミュニケーションが
持てるようになるのだ。

感情のマネジメントとは、
文字通り自分の感情を
賢くコントロールすることだ。
感情を上手にコントロールできるようになれば、
憂うつや怒り、攻撃的な感情をそのまま口に出して
相手にぶつけることを予防できる。
そうすれば自分を守ることができ、
他人を傷つけずにすむようになる。

01

修養

角張った器に入れれば、水にも角が立つ

水は方円の器に従う。

荀子《じゅんし》

荀子（BC298―238年）。中国戦国時代の哲学者。孔子の学問を継承したが、性悪説を主張したため、後に異端とされた。宗教や神話を迷信として否定し、礼によって道徳を実現する政治を主張して、統治者に高い道徳性を求めた。

引用文出典：『荀子』

器を変えずに、器の中の水の形だけを変えようとしても、無駄なことは明らかだ。

言葉も同じで、言葉の器、つまりあなた自身を変えなければ、言葉は変わらない。

言葉を磨きたいなら、まず器を磨いたほうがいい。深みのある話し方を身につけたいなら、深みのある人間になるのが先だ。信頼される話し方をしたければ、信頼に足る人間にならなければならない。

もちろん、器が大きくて信頼できる人間であるかのように、言葉で飾り立てることはできる。だが、それは一瞬でしかない。二言三言かわす程度ならともかく、それ以上会話を続けていけば、すぐにその人の本質は明らかになる。

口を開くたびに他人とトラブルになったり、反対に、自分の感情を内に閉じ込めてしまったりするのは、すべて言葉の選び方や話のテクニック以前に、人間の器に問題がある可能性が高い。

内面の感情をコントロールできない人は、思ったことをそのまま口に出してしまうため、つまらないことで人と争うことになる。また、自分を愛せず自己肯定感が低い人は、自信もないので必要以上に自分を隠したり、反対に自慢したりする。このように、言葉にはどうしても話す人の人間性が表れてしまう。

だから修養して人間の器を磨くことが必要なのだ。つまり、感情マネジメントと自己肯定感の二つを身につけるだけで、ふと口にした言葉に悩まされるような事態は、半分以下に減るに違いない。

02

善を思わず悪を思わず、善悪に二分することなく見よ

慧能《えのう》

汝《なんじ》の本来の顔は何か？

慧能（638―713年）。唐の僧で、禅宗の第六祖。理論と経典を学ぶことよりも、修行と直感的な悟りを重視した。韓国の曹渓宗は慧能の系統を継いでいる。『六祖壇経』を残した。

……………………………引用文出典：『無門関』

修養の目的は〝善人〟になることではない。まず、あなた自身を理解することにある。自分自身を深く理解すれば、自分を愛せるようになる。すると自己肯定感が育ち、自分の心の土台がどっしりと落ち着くのだ。

慧能大師は言う。「不思善不思悪」――悪はもちろん善についても考えるな。つまり、既存の慣習や規範にとらわれるな、という意味だ。

善悪二分法に基づく道徳や倫理は、慣習の最たるものだ。それを捨てよと言うのだから、その他の慣習は言うまでもない。

女性と男性、若者と老人、先輩と後輩の区別や役割など、学校で学び、社会から刷り込まれた、すべての有形無形の規定や慣習を疑うときに初めて、私たちは真の「自分」に会える。「善良な私」「礼儀正しい私」を捨てることで、「自分」本来の姿が見えるようになり、「女らしさ」「男らしさ」を脱皮することで、本当の「あなた」が見えてくるのだ。

もちろん、世間の慣習を疑い、それを打ち破るのは簡単ではない。かつては夫が妻を一方的に離縁したり、身分の上下で差別したりすることは当たり前だと考えられていた。しかし、今ではそれが人間を抑圧する制度であることを、私たちはよく知っている。

現代社会もユートピアではないのだから、今ある慣習にも矛盾があることは明らかだ。そして、それもいつかは暴かれるはずだ。

だから、私たちは他人の価値観を離れて、自分の目で自分を見るべきなのだ。刷り込まれた決まりごとや慣習から脱皮した後の「あなた」は、いったい何者なのか。
「あなた」が本当に好きなものは何か。
「あなた」の本当の夢は何なのか。
それを知らなければならない。
慧能は私たちに、こう尋ねている。

汝の本来の顔は何か？

03

修養

人生の主人公は自分だ

瑞巌師彦和尚《ずいがんしげん》は毎日、自分に「主人公！」と呼びかけ、それに対して自ら「はい」と答えていた。そして「はっきり目覚めているか！」と問い、「いつ、どんなときでも他人に騙されるでない！」と言い、「はい」と自問自答した。

――瑞巌禅師

瑞巌（850―910年）。唐の僧。俗姓は許氏、法名は師彦。瑞巌師彦とも呼ばれる。幼くして出家し、著作は残っていないが、皆が持って行った後の残りものが最も良いという「数珠」の逸話や、毎日自分を「主人公」と呼んだという言い伝えが残っている。

……………………………引用文出典：『無門関』

慧能は自分をどう認識するかを追求した一方、瑞巌は自らの決意と実践を求めた。社会的な決まりごとや慣習が自己実現を妨げていることに気づいたなら、次は本当の「自分」を取り戻し、「自分」の人生の主人公として生きるべきだ——そう瑞巌は言う。

人生の主人公になるということは、他人の欲望にとらわれないということだ。社会に望まれる生き方をしたり、他人の夢に従ったりしないことだ。他人でなく「自分」を基準にして生きることだ。

一見すると、今でも多くの人が自分の欲望のまま、身勝手に生きているように見える。しかし、本当にそうなら、その人は幸せなはずだ。なのに、なぜ大半の人が不幸を嘆き、ときには自分の命まで絶つのだろうか。それは、人生の最終的な目標が真に利己的でないからだ。

あなたが他人を踏みにじってでも手に入れようとしているのは、虚しいことに、他人から認められることだ。あくせくと利己的に働いて手に入れようとしている幸福は、結局は他人の上に立ち、羨ましがられることだ。これは人生の目標は自分にあるのではなく、他人にあるということ。

他人の欲望や他人からの承認にとらわれることなく、自分が自分の人生の主人公であるべきだ。この当然の真理を忘れていては、幸せにはなれない。だから瑞巌和尚は毎日、自問自答したのだ。声に出して自分を「主人公！」と呼び、それに対して自ら「はい」と応えることで、人生の主人公は自分だということを忘れないようにした。そうやって自分に勇気を与えたのである。

人生の主人公になれない人たちの中にあって、あなたが自分の人生の主人公になるには、強い決意と勇気が必要だ。だから、瑞巌和尚のように毎朝1分ずつ、はっきりと声に出して決意を口にしてみてはどうだろうか。

あなたが自分の人生の主人公になるために必要な時間は、たった1分あれば十分だ。

04

修養

一人ひとりの人生は一個の「作品」だ

一人ひとりの人生は一個の芸術作品になりえないのでしょうか。絵画や建物が芸術作品と言われるのに、なぜ私たちの人生が芸術にならないのでしょうか。

――ミシェル・フーコー

ミシェル・フーコー（Michel Foucault, 1926―84年）。従来の哲学では見過ごされていたミクロなテーマに着目したフランスの哲学者。刑務所や軍隊などの監視と処罰のシステムを分析した『監獄の誕生』、今日では精神障害として扱われる〝狂気〟が理性に追いやられていく過程を追跡した『狂気の歴史』などを著した。同性愛をはじめとする性の問題を扱った著作もある。

……引用文出典：「倫理の系譜学について—進行中の作業の概要」

「作品」の反対語は、おそらく「製品」だろう。製品は画一的で受動的だが、作品は独創的で能動的だ。つまり、製品は他のものに代替できるが、作品は取り換えがきかない。だからといって、必ずしも作品が製品より価値が高いわけではない。世の中には製品も作品も、どちらも必要なのだ。

しかし、人間の人生だけは製品でなく作品であってほしい。

それが「自分」の人生なら、なおさらのことだ。もし、あなたの人生が画一的で受動的なものだとしたら、あなたがいなくても何の問題もなく、他に取り換えがきくとしたら、悲しくてやりきれないのではないだろうか。

だから、親が自分の子どもが一個の作品のような人間になることを願うのは当然だし、学校や社会も個々の人間をたった一個の作品と見て、大切に扱うべきだろう。

しかしなによりも重要なのは、あなた自身が自分の人生を作品としてつくり上げ、見つめることだ。親や学校、社会がそうしてくれないなら、自分だけでもそうするべきである。フーコーもまた、人ひとりの人生が独創的な価値を生み出すことを願っていた。

この社会は個人の人生や、さらに体までも正常と異常に二分する。人間を製品と見なしているから、そんなことができるのだ。

このような社会の見方を打ち破るためにも、私たちは人生を一個の作品として見るように努めなければならない。そのとき初めて、異常だとか短所だとか見なされていた自分の「劣った部分」までも、温かく抱きしめることができる。

ありのままの自分という存在をまるごと認め、愛せる道が開かれる。ひいては、他人の人生も作品として見ることができるようになれば、そのときから自分と他人の違いという壁は消え去ることだろう。いや、むしろ違うからこそ価値のあるものとして輝きを増すことだろう。

05

修養

世界より自分をより愛すること

天下を治めることより、自分の身を大切にする者にこそ、天下を任せることができる。
自分の身を愛する者だからこそ、天下を託すことができるのだ。

――老子

老子（BC571―471年）。中国春秋時代に生まれたとされる伝説的人物。彼が著したという『老子』という書が残されている。その哲学は世の主流になったことはないが、オルタナティブな思想として庶民や非主流派知識人に受け継がれてきた。孔子とともに西洋近代思想の発展にも大きな影響を与えた。

……引用文出典：『老子』

自分よりも天下を愛する者に天下を託そうと考えるのが常識なのに、老子はこれを逆転させた。むしろ天下よりも自分を愛する者であってこそ、天下を託すことができると言う。

老子の言う、天下より自分を愛する者とは、世間的な常識や決まりごとに振り回されない人のことである。世間からどう見られるかよりも、自分の目に頼って自分をつくり出していくのだ。

反対に、自分を犠牲にしてまで天下を愛すると言う人は、世の中の決まりごとにとらわれ、受動的に生きることになる。すなわち、世界よりも自分を愛する人は、自分が夢見る世界と価値をつくっていくが、自分を世の中に捧げると言う人は、今のままの世の中のあり方に忠実であるにすぎない。世の中に献身することはつまり、世間の決まりごとに身を委ねることにもなるのだ。

また、世界よりも自分を愛すると堂々と言える人は、「自分」が大切なのと同じぐらいに「他人」も大切だということを知っている。個人の価値を理解しているのだ。

反対に、世の中に自分を捧げようとする人は、自分も世のために我が身を犠牲にするのだから、他人もそうあるべきだと言うに違いない。

だから老子は、天下は真に自分を愛することを知る人に託すべきだと語ったのである。これは政治に限った話ではない。万事がそうだ。

自分を愛せない人は、他人も愛せない。自分の価値を知らない人は、他人の価値もわからない。だから言葉の勉強も、自分を理解して愛することから始めなければならないのだ。

06

修養

感情に支配されないこと

感情を抑えられない人間の無力を、私は隷属と呼ぶ。
なぜなら感情に支配されている人は、
自分の権利の下にあるのではなく、
運命の支配下にあるからだ。
より善いものを前にしながら、
より悪いものに従うように強制される、
運命の力の下にあるからだ。

――スピノザ

スピノザ（Spinoza，1632―77年）。オランダ生まれのユダヤ人哲学者。神の具現したものが宇宙の万物であるという汎神論を唱え、政治的には共和制を支持した。韓国では「明日地球が滅亡しても、一本のリンゴの木を植える」という名言を残した人として知られているが、実際はスピノザの言葉ではない。著書に『エチカ』などがある。
…………………………引用文出典：『エチカ』

急に込み上げてきた感情のままに行動してしまい、後になって自分が自分の意のままにならないことに気づくことはないだろうか。

そんなとき、あなたの人生はあなた自身の意志を離れて、受動的な運命の下に置かれる。感情に支配されると、せっかく良い状況にめぐり合っても、それを受け入れられなくなる。それどころか、悪いほうへ悪いほうへと解釈し、自分を追い詰めてしまうのだ。

だから、あなたが人生の主人公として二本の足で立ちたいなら、感情をマネジメントできなければならない。そのためには、今あなたが置かれている状況と自分の感情を正確に把握する必要がある。感情に流されやすい人ほど、目の前の状況を歪めて解釈する傾向が強い。同じ状況でも、怒りっぽい人はそれに怒りを感じるし、悲観的な人は悲しみにくれることになる。

感情にとらわれていると、状況を正確に判断できなくなる。したがって、状況を判断するより前に、まず自分の感情のクセを理解しておこう。

あなたの感情の中で、特に激しく動きやすいものは何だろうか。とにかく感情を抑えるべきだというプレッシャーのせいで、感情に歪みが生じてしまってはいないだろうか。

今からでも、自分の感情に歪みがないか、じっくり観察してみよう。その歪みのせいで、私たちは感謝すべきところでトンチンカンにも嫉妬してしまったり、内心では申し訳ないと思っているのに怒ったりしてしまう。

このような感情の乱れを健全な方向へと正すために、スピノザは感情を次の48種類に分類して分析した。感情のしこりを解きほぐして、どんな感情があるのか明らかにすることで、むやみに感情を抑えるのではなく、問題を正しく認識して解決するための足掛かりをつくったのだ。

自卑、名誉、驚き、競争心、野心、愛、大胆、貪欲、反発、博愛、憐憫、悔恨、恐慌、軽蔑、残忍、欲望、憧憬、見くびり、絶望、飲酒欲、買いかぶり、好意、歓喜、栄光、感謝、謙遜、怒り、妬み、敵意、嘲弄、欲情、食欲、恐れ、同情、丁重、憎しみ、後悔、思慕、恥辱、不安、確信、希望、高慢、小心、快感、悲しみ、羞恥心、復讐心。

この感情のリストを見ながら、自分の心の中を覗いてみよう。そして、あなたはどの感情にとらわれがちなのか、あるいは、あなたに欠けている感情は何なのか、考えてみよう。

07

修養

観察してこそ知ることができる

体で起きている現象を注意深く観察し、体から消えていく現象を注意深く観察し、体で起こっては消える現象を注意深く観察せよ。同様に、感覚と心に向き合う、すべての対象も同様に観察せよ。

——釈迦

釈迦（BC563―483年）。仏教の開祖。「悟りを開いた者」という意味でブッダ（仏陀）、または仏とも呼ばれる。インドのある王国の王子として生まれたが、出家して修行者となった。苦行でない中道修行による解脱を主張し、社会的には階級差別に反対した。

……………………引用文出典：『パーリ仏典　相応部（サンユッタニカーヤ）』

自分の感情のクセを理解したら、感情をコントロールすることはずっとやさしくなるはずだ。もし自分が、実は怒りっぽい人間だと気づけば、むやみに怒る回数が減るだろう。また、自分が悲観的な性格だと知れば、もう少し希望が持てるようになるだろう。

自分の感情のクセを理解したら、次はそれを基に感情の設計図を描いてみよう。過剰な感情は減らして、足りない感情を補充するのだ。ポジティブな感情をはぐくみ、ネガティブな感情を抑えてやることが目的だ。そして、その感情の設計に基づいて感情をその都度コントロールし、マネジメントするのだ。

釈迦は感情をコントロールするためのさまざまな修行法を考案したが、そのうちの一つが正念、「気づき」や「専念」と言われる修行法だ。

「気づき」とは簡単に言うと、自分のすべての反応をありのままに観察して、それに気づくという意味だ。今、この瞬間の自分と向き合う作業のことである。

自分をよく観察し、心の中に生じる感情に気づけば、その感情をコントロールできる。その気づきは早ければ早いほどいい。つまり、自分の感情を早く、そして正確につかむことが大切なのだ。

釈迦は、まず今の体の状態を注意深く観察せよと言う。何らかの感情が生じたら、その感情はどんな形であれ体に表れる。

たとえば、怒りが生じたら呼吸が速くなったり、体がぶるぶると震えたりする。このような現象に注目すると、自分の感情の変化にいち早く気づくことができる。そうすれば、その感情を自分の意志で増幅したり、消滅させたりすることも容易になる。

ティク・ナット・ハンやダライ・ラマなど、多くの仏教の修行者たちはこのような気づきを通じ、感情を制御した。アップルの創業者である故スティーブ・ジョブズも気づきを得るために瞑想し、そのおかげで感情と雑念をコントロールしてアイデアを生み出すことに集中することができたという。

第2章

観点

ものの見方を変える

世界は私たちが見た通りに、
つまり、目に見えるままの姿で存在する。
世界そのものは客観的な存在なのに、
私たちが主観的に見ているからだ。

だから、見る者の主観によって世界は変化する。
自分の中の世界を変えれば、
客観的な世界も変わりうるのだ。
そのため、修養によって自分を磨き、
言語生活の基本ができたら、
その次はものの見方を変えていこう。

08

観点

主観のない人の言葉は空虚だ

内面が足りない人は言葉が乱雑であり、心に主観のない人は言葉が空虚である。

――成大中《ソンデジュン》

成大中（1732―1809年）。朝鮮王朝後期の性理学者。正祖（22代王）からの信頼が厚かったが、庶子だったために高官の地位に就けなかった。朴趾源《バクチウォン》や李《イ》徳懋《ドンム》ら北学派（清の制度や科学技術の導入をはかった一派）と交流し、日本紀行文『日本録』と自らの号「青城」から取った『青城集』を残した。

引用文出典：『青城雑記』

内面が足りないことと、心に主観がないことは、同じような状態を指す。

自分なりの観点がないという意味だ。そのような人は中身が空っぽで話が乱雑なため、話の中身は空虚になる。

誰かが私に、Aという問題をどう考えるかと尋ねたとしよう。私はAについて考えてみたことはないといや、考えたことはあるが、頭を絞って自分なりの観点をまとめたことはない。そんなときの私の答えは空虚なものにすぎない。中身のない話をすれば、言葉が宙に浮いて粗雑にならざるをえない。

一方、Aについて明確な観点を持っている人は、言うべきことがたくさんあるだろう。言葉は多くても度を越えず、筋道の通った主張を展開できる。

もちろん、論理的な話だからといって、すべて良いというわけではない。Aに対する観点は明確でも、その観点があまりにも平凡で陳腐だったり、道理に反していたりするならどうだろう。さほど魅力的な答えにはならないはずだ。だから、観点を持つにしても、斬新なものであるべきだ。

09

観点

洞察力を磨くことこそが重要である

君は私が多くを学んで、それを暗記する人間だと思うのか？違う。私はただ、一つのことで万事を貫くのみだ。

――孔子

孔子（BC551―479年）。中国春秋時代の哲学者であり、儒教の始祖。諸国を巡りながら哲学を説き、弟子を養成した。死後にその言葉を集めた『論語』が編纂され、そこに込められた孔子の哲学は東アジアの中心的な思想として定着した。

引用文出典：『論語』

前項の例を続けよう。誰かからAについて聞かれたとき、自分なりの観点があってこそ、冗長にならずに要点を突いた話ができる。

ところで、Aではなく、自分がよく知らないBやCについて尋ねられたら？　アルファベットはAからZまで26個にすぎないが、世界の出来事と問題は数えきれないほど多い。物知り博士にならなければ、魅力的で意味のある話はできないのだろうか。

孔子によれば、そうではない。孔子はすでに生前から名高い学者だった。全国の諸侯たちの尊敬を集め、３０００名もの弟子を抱えていたという。孔子の死後もその思想は受け継がれ、西洋の啓蒙主義に影響を与えたのはもちろん、２５００年が過ぎた今日までも大きな力を及ぼしている。

このように偉大な業績を残した孔子ではあったが、彼にもわからないことは多く、自分が知らないことは誰にでも質問した。それればかりか、誤った知識を弟子から批判されることもあった。にもかかわらず、当時はもちろん、現代まで孔子の哲学が力を持っているのは、彼が人並み外れた観点を持っていたからだ。

孔子自身もこう言っている。自分は多くを学んで暗記したことを話しているのではなく、一つのことで万事を貫くだけだ、と。ここで言う「一つのこと」とは、もちろん観点のことだ。

身分だけで人を評価していた時代、孔子は人格だけをもって人を見た。厳しい刑罰で民を統治していた時代に、「為政者は風であり、民は草である」と看破した。つまり、風になびく草のように、為政者が善を為せば民は自然とそれに従うのだから、民を処罰しようなどと考えず、自身の修養に努めるべきだという意味である。

他にも社会や教育などさまざまな分野において、それまでとは次元の違う、新たな観点を提示した。

観点というのは、木の根のようなものである。深くしっかりと根を張っていれば、細かな知識のない分野についても十分に深い話ができるのだ。

10

観点

観点が変わってこそ言葉も変わる

すべての社会にイデオロギーが必要な理由は、それが人を形成し、変形させ、彼らをして自分の社会的基盤と位置に応えさせるためだ。

――ルイ・アルチュセール

ルイ・アルチュセール（Louis Althusser, 1918―90年）。フランスの哲学者。科学的マルクス主義を唱えた。パリ高等師範学校の教授として、ジャック・デリダ、アラン・バディウなど、多くの哲学者を養成した。哲学的な側面からマルクス主義に構造主義を導入し、急進主義路線に立って現実政党を批判した。

……引用文出典：『マルクスのために』

言語には必然的に、その言語が属している社会の支配的観点が盛り込まれている。たとえば「老若男女」という四字熟語には、子どもよりも老人を、女性よりも男性を上位に見る視点が含まれている。

アルチュセール風に言うと、これこそが「イデオロギー」なのだ。つまり簡単に言えば、「イデオロギー」とは一つの社会全体で通用する支配的なものの見方である。

こうした社会の支配的観点（イデオロギー）は、良きにつけ悪しきにつけ、社会になくてはならないものだ。なぜならそれが個人を形づくるからだ。

最近は少なくなったが、結婚を義務と見なす社会では、すべての個人は未婚者と既婚者に分類される。そこには非婚を選択する余地はない。

また、支配的観点は人間に働きかけて、社会の要求に合わせた生き方をさせる。未婚者には未婚者らしく結婚の準備を急がせ、既婚者には既婚者らしく、できるだけ離婚しないような生き方をさせるのだ。

このように観点とは、言葉はもちろん、現実のすみずみにまで影響を及ぼす。それは社会の古臭い秩序を維持するために必要なのだ。ここまでは観点の持つネガティブな側面である。

一方、観点とは社会にぜひとも必要とされるものでもある。アルチュセールも述べたように、観点は人間を変える。観点が新しくなると、人間もまた生まれ変わるからだ。言葉の勉強のために、観点について学ぶことが必要とされる理由だ。新しい観点から新しい人間が生まれ、新しい言葉が出てくるのだ。

11

観点

誰にでも世界観はある

どこの誰であろうが、世界をそのあるがままの姿で見るなどということはできない。
したがって、私たちは観点へと戻らざるをえない。
世界観を持たないということはありえないし、
もしそれが可能だとしても、私はこれを望まない。

――マルティン・ブーバー

マルティン・ブーバー（Martin Buber, 1878―1965年）。オーストリア生まれのユダヤ人哲学者・神学者。世界大戦とユダヤ人虐殺を経験したにもかかわらず、敬虔主義（特定の教義や形式に頼るのではなく、信仰の個人的内面性、敬虔、実践性を唱えた信仰運動）に立脚して、人間を信頼する哲学を主唱した。出会いと対話を探求した『我と汝・対話』が名著として挙げられる。

……………………………………引用文出典：『教育講演集』

マルティン・ブーバーは、観点なくして世界を見ることはできないと言う。これは主観を取り除いて、世界をありのままに見るなどということは、そもそも不可能だという意味だ。観点のない人は、死んだも同然だ。なぜなら観点を持つことこそ、その人がこの世界を生き生きと見ている証拠だからである。

だから私たちは、どうしたら主観を打ち消せるのかを考えるのではなく、より素晴らしい観点に立って世の中を見られるように頭を使わなければならない。

学校と社会によって刷り込まれた観点は、別に素晴らしくもないし、目新しいものでもない。古いものの見方にすがっている限り、口からは平凡な言葉しか出てこない。

新しい言葉で語りたいなら、まず観点を変えなければならない。世界を見つめる視線の深さが、あなたの言葉の深さを決めることを肝に銘じておこう。

12

観点

巫女と棺桶屋は立場が違う

矢をつくる職人は鎧《よろい》をつくる職人よりも、
不仁〔慈愛の心を持たない〕なのだろうか。
そうではないだろう。
矢をつくる職人は、矢のできが悪くて
人を傷つけぬようでは困るし、反対に鎧をつくる職人は
鎧のできが悪くて人が傷つくことを心配するだけだ。
人の厄払いをする巫女と、人が死ななければ困る棺桶屋も、
これと同じ関係だ。

――孟子

孟子（BC372—289年）。中国戦国時代の哲学者、論客。孔子の跡を継いで儒教哲学を体系化した。性善説を唱え、富国強兵の政治に対して民本と愛民の政治を説いた。王朝交代を正当化する革命論を唱えたため、『孟子』はたびたび禁書になった。……………………………引用文出典：『孟子』

矢をつくる職人は悪人で、鎧をつくる職人は善人だなどということはありえない。自分が置かれた立場に合わせて、矢をつくる職人は人を傷つける方法を研究し、鎧をつくる職人は人を守る方法を研究するだけだ。同様に、巫女は人の厄払いをするし、棺桶屋は人の死を待つしかない。

人間が自分の利害に沿ってものを考えるのは当たり前のことだ。前から見ると正面の姿が見え、後ろから見れば後ろ姿が見えるように、自分が立っている位置が自分の観点になる。

したがって、相手の後ろ姿を見ようとするなら、その人の背後に回らなければならないように、既存の観点を変えようとするなら、自分の立場を変えなければならない。

観点は英語で〝standpoint〟、または〝viewpoint〟という。文字通り、立っている（stand）場所（point）が見る（view）場所（point）なのだ。

たとえば、教員が自分の授業のやり方を変えたいと思うなら、自分が学生になってみればいい。研修所や文化センターなどで授業を受けてみることも一つの方法だ。

このように観点とは、必然的に自分の立場に制約されてしまうものではあるが、前に立ちながら後ろ姿を想像してみることもできる。自分が置かれた立場を実際に変えることが難しければ、相手の立場に立って自省してみよう。そうすれば立場を変えなくても、観点を変えてみることができるだろう。

13

観点

「切に問う」ことが変化への第一歩だ

博《ひろ》く学びて、篤《あつ》く志し、切《せつ》に問いて、近く思う。

――子夏

子夏（BC507―420年）。中国春秋時代の学者。孔子の一番弟子で、特に学問に優れると評価された。一説によれば、幼い実子の死を悲しむあまり失明したという。

……引用文出典：『論語』

先に述べたように、観点は自分の立場によって決まる。

ここに、社会の支配的な観点が加わる。たとえば男性中心の社会で生きる男性は、男性という立場に立ち、男性的な観点を体現すると同時に、その社会で支配的な男性中心的なものの見方を内面化する。つまり、自分が置かれた現実とイデオロギーという二つの観点の上に立つことになる。

そのため、新しい観点を生み出すためには、意識的に努力する必要がある。

ここで子夏は、次の四つの方法を提案する。「博く学ぶ」「篤く志す」「切に問う」「近く思う」である。

これによって目指したものは「仁」なのだが、ここで言う「仁」は、道徳的徳目というよりは一つの観点に近い。それぞれの方法を一つずつ紹介しよう。

「博く学ぶ」とは、自分がこれまで持っていた知識の範囲を広げることだ。そのためには人文学を勉強しなければならない。人文学を学んでも、必ずしも実生活に役立つとは限らないが、ものの見方を根本から揺さぶってくれる。これまで人文学が積み上げてきた豊富な観点を学べば、自然と自分なりの観点を身につけることができるのだ。

「篤く志す」とは、外からの圧力に振り回されないよう、着実に勇気をはぐくむことを言う。新しい観点を打ち立てようとするとき、私たちは世間から有形無形のプレッシャーを受けることになる。ものの見方が違うからと周囲の冷たい視線を浴びるだけでなく、社会の不合理や不条理に気づくことで、心が窮屈になってくるのだ。それは楽なことではないが、それでも新しい観点をつくり上げようとするなら、耐えなければならない。

「切に問う」とは、問題意識を持つという意味だ。水がいっぱいに満たされた器に、さらに水を注ぐことはできない。もっと水を注ぐには、水を減らさなければならない。問題意識を持つとは、すでに満たされている水を疑うことだ。誰もが当然と思っていることに疑問を投げかけること、文の最後のピリオドを消して、そこにクエスチョンマークを書き込む作業が「切に問う」ことなのだ。

最後の「近く思う」とは、世界についてあれこれ考える前に、まずは自分と自分の周囲のことからじっくり観察することを言う。なによりも日常を見つめ直す努力が必要だ。「自分」が変わることこそ、真の変化への第一歩なのだから。

この四つを有機的に実践すれば、新しい観点に気づき、創造への道を歩むことができるだろう。

14

観点

真理は一つではない

真理が全能ではないという事実が意味するものは、結局のところ、真理の所産である主体的言語があらゆる状況を命名するだけの力を持っていないということだ。

――アラン・バディウ

アラン・バディウ（Alain Badiou, 1937―）。フランスの哲学者。精神分析学と数学を借用して自身の真理哲学を構築し、思想家たちとの哲学論争はもちろん、現実政治に関わる問題についても鋭く分析している。2013年の訪韓の際には、朝鮮半島の統一について「南でも北でもない、新しいコリアをつくっていくべきだ」という言葉を残した。

……………………引用文出典：『倫理』

哲学には二つの流れがある。絶対主義と相対主義だ。
絶対主義とは、世界には明白に一つの正しい観点が存在するという信念であり、それに反して相対主義は、一つの正しい観点は存在せず、善と悪、長所と短所を併せ持つさまざまな観点が同時に共存するだけだというものだ。

バディウの主張は、このうちの絶対主義に近い。一つの正しい観点を「真理」と表現する。バディウにとって哲学とは、この真理を絶えず探求し、実践することだ。

しかし、この真理というのは万能を意味しない。

彼の言う真理とは、絶対主義と相対主義を統合したものであり、いつ、どこにあっても通用する一つの真理は存在しないけれども、それぞれの状況における真理は存在するという意味だ。

たとえば古代朝鮮の新羅と、現代の韓国のどちらにも共通して通用する真理はない。しかし、新羅時代の真理と現代韓国の真理はそれぞれ存在する。

バディウによれば、真理となる観点を確立したときに初めて「主体的言語」が誕生する。この言語は従来のような退屈な言語ではない。新しい内容と形式を備えており、それによって言語生活も生まれ変わる。したがって、新たに確立された自分の観点に忠実に見るにしても、それがすべての状況に当てはまると高をくくってはならない。

つまりこういうことだ。すでにあなたの頭に刷り込まれていたり、社会から求められたりする観点を疑おう。そして、その代わりに新しい観点、あなただけの世界観をつくり上げよう。誰のものでもない、あなた自身の目で、自分と世界を見つめるのだ。ただし、自分の観点が常に完璧なものとは限らないことは、認めなくてはならない。

第3章

知性

言葉に深みを持たせるには

会話の際に大切なのは、形式よりも中身である。
そして、話の中身に深みを持たせるのは知性だ。
知性とは、自分を知って人を知ることであり、
人を知って世界を知ることだ。
それは適当なレベルではなく、深く知らなくてはならない。
人の話と文章を他山の石として、自分を省みて、
人の見聞を通じて自分の見聞を広げていけば、
知性を磨くことができる。

知識をそのまま受け入れるだけでは、知性は育たない。
自分なりに解釈することで、知識は知性となり、知恵となる。
ここで、解説と解釈は違うことに気をつけよう。
解説とは、与えられた言葉の意味を正しく理解することだ。
一方、解釈とは、話し手の人となりと、
その話の背景まで見通すことだ。
はっきり言うと、解説とは受け身の行為であり、
解釈とは主体としての行為なのだ。
世の中の知識を身につけて、
これを基に自分の言葉に力を与えようとするなら、
解釈する訓練が必須となる。

15

知性

心よりも重要なのが知性である

人々は言う。感覚が重要だと。
しかし、感覚よりも大切なのは心である。
さらに心よりも重要なのが知性であり、
知性よりも重要なのが自我である。

――バガヴァッド・ギーター

『バガヴァッド・ギーター（Bhagavad Gītā）』。古代インドの経典で、インド思想が凝縮された哲学的詩集。短縮して『ギーター』とも言う。作者未詳で、執筆年代は推定で紀元前2世紀から紀元後5世紀までと幅広い。マハトマ・ガンジーは、『ギーター』を自分の「人生の案内人」であり「行動の辞典」と評した。

引用文出典：『バガヴァッド・ギーター』

普通、古代の哲学では心が重視されるが、興味深いことに『バガヴァッド・ギーター』では、それよりも知性を優位としている。現代でも、「すべては心構えにかかっている」とか、「心根がいい」などという言葉をよく使う。このように多くの場合、心は意志や道徳的なものと関連づけられている。

教科書や「大人」たちは、容姿や経歴、物質的な背景よりも、強固な意志と善良な心のほうが大切であり、それこそが人を評価する基準になるべきだと強調する。だから私たちは、容姿や経歴などを重視しながらも、一方では心こそが最も価値のあるものだということも忘れないよう努めている。

しかし、心だけでは何も為しえないことを、私たちは知っている。善良で強固な意志を持っていても、それを支える知性がなければ何にもならない。善意の行動でも、知性が伴わなければむしろ悪い結果をもたらすこともある。たとえば「朴槿恵《パククネ》を愛する会」[*1]がその一例だ。

『バガヴァッド・ギーター』が心よりも知性を重んじたのも、このような背景からだ。良い会話をしたいという気持ちだけでは、良い会話をするのは難しい。相手について知らなければならず、相手が何を望んでいるかを読み取らなければならない。ときには相手の悩みをうまく解決できるよう、適切な助言をしてあげる必要もあるだろう。

　だから、良い会話をするためには知性を身につけなければならない。読書と経験を通じて「関係」を学び、相手の話に耳を傾けながら相手を理解すべきだ。これが知性を広げる道である。

『バガヴァッド・ギーター』は自我を最も重視したが、これは当然の結論だ。「自分」があってこそ、知性も、心も、感覚も存在するのだから。また自我があってこそ、他人や世界とのコミュニケーションも可能になるのだ。

＊1　朴槿恵を愛する会：朴槿恵前大統領を絶対的に崇拝し、その弾劾無効を訴える極右団体。

16

知性

「インチキ画家」への怒りが詩を書かせた

花ざかりのリンゴの木への感動と、インチキ画家の演説への怒りが、私の胸の中で争う。しかし、二つ目のことこそが、私に詩を書かせるのだ。

——ベルトルト・ブレヒト

ベルトルト・ブレヒト（Bertolt Brecht, 1898―1956年）。ドイツの詩人、劇作家。マルクス主義者として社会の不条理とナチズムを批判する文を書いた。観客が劇に没頭することを意図的に妨害する「異化効果」という技法を考案したことで有名。

……………………引用文出典：「抒情詩にむかない時代」

先の引用文は、「抒情詩にむかない時代」という詩の最後の一節だ。

ドイツで生まれたブレヒトは、ヒトラーの圧制を経験し、あの時代を文字通り「抒情詩にむかない時代」と名づけた。だから詩といえば思い浮かべるような、温かくて自然をうたうような作品ではなく、暗くて批判的な抵抗の詩を書いた。

花がほころぶリンゴの木に感動することが抒情詩の源なら、インチキ画家への怒りは抵抗の詩を書く理由である。

インチキ画家とは、悪で世界を塗り込めるヒトラーと彼の国家を指す。ブレヒトにとっては、暗い社会に背を向けたまま美をうたうことは、ともすればそれ自体が真実を覆い隠すことであり、悪への協力に他ならなかった。

もちろん、だからといってリンゴの木への感動と抒情詩が不要だということでは決してない。いつの時代でも、抒情詩と抵抗詩はどちらも必要だ。ただ、抒情詩だけが存在する時代に抵抗詩を書くことで、ブレヒトはバランスをとろうとしただけだ。

ドイツ帝国主義はヒトラーのみならず、多数の国民の同意と支持の上に成り立っていた。当時の人々にとって、このような恥部を思い起こさせるブレヒトの詩は、極めて苦々しいものだっただろう。

もちろん問題はヒトラーの時代だけにあったわけではない。程度の差こそあれ、いつの時代にも問題はある。そうした問題を覆い隠すような文章は、誰にとっても読みやすく歓迎される反面、問題を指摘する文章は人を不快にさせる。

だが、知性と見聞を広げようとするなら、読みづらくて不快な文章を読んだほうがいい。わざと難解な言葉で飾り立てた文章を読めというのではない。社会の裏面に光を当てた、独自の世界観と視点で書かれた本を手に取るべきだ。

自分と同じ考えが書かれた文章を読むのは時間の無駄だが、あなたとは違った考えに接することは、あなたの世界を広げることにつながる。

17

知性

死を前にした言葉は真実である

鳥の将《まさ》に死なんとするや、その鳴くこと哀し。人の将に死なんとするや、その言や善し。

――曾子

曾子（BC506―436年）。中国春秋時代の学者。孔子の弟子で『論語』の編纂に深く関わった。大変な親孝行者として名高く、『孝経』を著したと伝えられるが定かではない。後代、朱子によって孔子とともに聖賢と評された。

引用文出典：『論語』

生きとし生けるものは、いつかは死ぬ。この宿命に抗《あらが》えるものはいない。だからこそ、今この瞬間がいっそう大切なのであり、意味を持つのだ。ひょっとすると哲学も文学も、この死という永遠の別れがあるからこそ、生まれたのかもしれない。

このように死とは、人間の生にとって必然的な課題であり、それが逆説的に生に深みを与えてくれるのだ。

特に死期が迫ると、これまでは見えなかったものが見えてくる。目標を追うのに忙しかった人は、その目標が消えたとき、初めて自分と向き合える。目標のために脇に追いやられていた大切なものの存在に、目がいくようになるのだ。

そのためだろう、死を前にした鳥の哀しい鳴き声と同様、死を前にした人の言葉は、大いに胸を打つ。休みなく前だけを見て走り続けた人生の最後に、ふと足を止めたときに訪れる虚しさや後悔、あるいは心の安らぎや悟りは、本人はもちろん、残された人々にも大きな意味を投げかけてくれる。

このような悟りを得られるのは、死を前にした人だけではない。死について真剣に考えた人であれば、肉体的な死を目の前にしなくても、生の大切さに気づくことができるだろう。

死について真剣に考えようとするなら、まずは同じ問題に頭を悩ませた先人たちの言葉と文章を読むといい。そして、あなたの肉親や友人たちの死と向き合ったとき、その内なる声に耳を傾けてみよう。そうすれば、生の真の価値を見出すことができ、生きていることのありがたみが身に染みることだろう。

18

知性

「徹底した読書」が自分の生き方を変える

一度棒で叩けば一条の痕がつき、一度ぐいとつかんだら手のあざがつく。そのように徹底して読書に打ち込んでこそ、その内容が身に染み入るものだ。

——朱子

朱子（1130—1200年）。名は熹《き》。中国宋代の儒学者。既存の儒学と道学に、仏教と道教の影響を加えて性理学を打ち立てた。死後、中国はもちろんのこと、特に朝鮮では性理学が国家哲学とされたため崇拝の対象となった。朝鮮王朝中期以降の知識人の大半が、朱子の思想を継承した性理学者だといえる。

引用文出典：『朱子語類』

かつての朝鮮の士人《ソンビ》〔官職をむさぼらない在野の知識人〕たちは、先の引用文のように徹底して読書にいそしんだ。

朱子は読書を決闘にたとえるほどだった。生死をかけた決闘ならば、自分の攻撃は当然、相手に致命傷を与えなければならない。読書もそれと同じ。文を読めば、必ず残るものがなくてはならない。

一行読んだら、自分の生き方もそれだけ変わるはずだ。本を読む前と後で違いがなければ、それは読まなかったのと同じことだ。

なぜ士人たちはこのように徹底して読書をしたのだろうか。それは、読書が単に知識を得るための手段ではなく、生きることの意味を知るためのカギだと考えたからである。

彼らは、ただ食べて生きるだけの人生を無意味だと見なし、この世に生まれた以上は何か意味のあるものを残さなければならないと考えた。そして、書物からその道を探そうとした。

自分の生き方を変える読書――。ここで注意すべき点は、徹底した読書とは、集中して本を読むことだけを意味しているのではない。つまり読書の目的は、熱心に読んで暗記することではなく、生き方を変えることにある。

だから、読書のときに集中すべき対象は、そこに書かれた文章ではない。あなた自身だ。文章を読むときはいつも、あなたの生きざまとこの社会を振り返りながら読むべきだ。また、それだけ価値のある文章を厳選して読まなければならない。これが知性を育てる姿勢だ。

申栄福《シンヨンボク》*1先生はこう述べている。

> 本は必ず三度読むべきです。最初にテキストを読み、次に著者を読み、最後にその本を読んでいる自分自身を読むのです。
>
> 著者は、その本の書かれた社会と歴史の上に足場を築いています。だから著者を読まなければなりません。読者自身を読むべきだという理由もそれと同じです。読書とは、新たに生まれ変わることです。著者の死から読者の誕生へとつながる、絶え間ない脱走なのです。

*1　申栄福（1941―2016年）：韓国の経済学者、作家、思想家。ソウル大学大学院を卒業後、陸軍士官学校などで教鞭を執るが、朴正熙《パクチョンヒ》軍事政権下の1968年に統一革命党事件で無期懲役。1988年に出所し、聖公会大学教授を務める。

19

知性

世界を変えるための解釈

これまで哲学者たちは、世界をさまざまに解釈してきたにすぎない。しかし、重要なのは世界を変えることだ。

――カール・マルクス

カール・マルクス（Karl Marx, 1818―83年）。ドイツの哲学者、経済学者。『資本論』をはじめ、資本主義社会の不平等現象とその原因を分析した本を書いた。彼の思想をマルクス主義と呼ぶが、この思想は全世界の現実政治と学界に大きな影響を与えた。

……………引用文出典：「フォイエルバッハに関するテーゼ」

最も影響力のある19世紀の人物を選ぶなら、何と言ってもマルクスだろう。マルクスは自分以前の哲学者たちは単に世界を多様に解釈しただけだ、と批判した。各自の哲学を物差しにして、世界はああだこうだと解説するばかりで、そこから一歩も出なかったというのだ。

ともすれば哲学の持つ「解釈」という役割を否定し、代わりに「行動」を重視したように見えるが、実はそうではない。マルクスが強調したのは、「真の」解釈である。それまでの哲学は現実を「解釈」したのではなく、「糊塗《こと》」していたのかもしれない。

それまでの哲学者の多くは召使いを抱えた貴族であり、社会的恩恵にあずかる特権層であった。世界を変革すべきだと真剣に考えたことのない彼らにとって、ひょっとしたら哲学とは高尚で知的なアクセサリーにすぎなかったのだろう。

一方、マルクスは社会的弱者に深い同情を寄せ、彼らを搾取する支配階級に激しく憤った。だから既存の世界を糊塗するのではなく、解釈によって本当に世界を変えることを夢見たのだ。世界の不条理を暴き、その根本的な原因と解決策を提示することを自分の哲学の使命とした。

なので、マルクスの命題はこのように言い換えてもいいだろう。

これまで哲学者たちは、世界をお遊びで解釈してきた。しかし重要なのは、世界を変える解釈だ。

このように何かを変えるためには、まず解釈することが必要だ。現状を解釈して、その是非を判断し、問題の原因を把握しなければならない。患者を治療するにはまず症状を診断して、病気の原因を探らなければならないのと同じことだ。

言葉だってそうだ。自分を変えようとするなら、自分が口にする言語と自分の内なる言葉を見つめて、それを解釈しなければならない。同様に、人を変えようとするならその人の言葉を、人間関係を変えようとするなら「自分」と「相手」との間に交わされる言葉を解釈すべきだ。

もちろん、解釈するだけで問題が解決されるわけではないが、解釈抜きで問題を解決する方法はない。

20

知性

言葉の中に閉じ込められてはならない

言葉の世界から追い出されることは悲惨だが、その中に閉じ込められるのはもっと悲惨だ。

――ヴァージニア・ウルフ

ヴァージニア・ウルフ（Virginia Woolf, 1882―1941年）。イギリスの作家、女性運動家。モダニズムとフェミニズムに基づいた小説とエッセイを書いた。『自分ひとりの部屋』は代表的なフェミニズムの古典である。

……………引用文出典：『フェミニズムの挑戦』（チョン・ヒジン著）から再引用。

韓国の国立国語院が編纂した『標準国語大辞典』は、「愛」のことを「男女の間で恋しく思ったり、好きだと思う気持ち。またはそのような状態」と定義している。

この語義は、「恋人の間」ではなく「男女の間」と限定することで、同性愛を排除している。これはセクシャル・マイノリティーが言葉の世界から追い出された例だ。

２０００年代初め、ある国語辞典は「同性愛」を「同性同士の変態的な恋愛」と定義していた。その他の辞典でも、「不自然な愛（unnatural love）」などと説明されていた。これらはセクシャル・マイノリティーが言葉の世界に閉じ込められた例と言える。

前者にも問題があるが、後者はさらに深刻だ。だからヴァージニア・ウルフも、言葉の世界から追い出されることより、閉じ込められるほうがいっそう悲惨だと言ったのだ。

だが、悲惨なのはどちらも同じだ。マイノリティーに選択できることは、このように言葉の世界から追い出されるか、閉じ込められるかの、どちらかしかない。

歴史を見ると、支配階級は言葉も支配しており、被支配階級の多くは読み書きができなかった。もちろん今では識字率は非常に高くなった。それでも依然として支配者は言葉を支配しており、被支配者は言葉に支配されている。支配者は言葉をつくり出して規定するが、被支配者は支配者がつくった言葉を使う。

権力関係とはそういうものだ。上の者が鹿を馬だと言うと、他の者たちも鹿を馬だと言ったという、「鹿を指して馬と為す」の故事は、今も生きている。ただ、やり方が洗練されて目立たないようになっただけだ。

権力を握った者が言葉も支配し、それによって権力基盤をさらに固めるのだ。そして被支配者の側は、その言葉を身につけて内面化する。

この悪循環を逆転させるためには、やはり解釈の力が必要である。解釈とは、言葉の監獄を打ち壊す弱者の武器なのだ。

21

知性

言葉の端から端まで調べ尽くせ

私は物知りだと言われるが、そうではない。誰かからものを聞かれて、私もやはりわからなければ、端から端まで調べたうえで最善を尽くすのみだ。

――孔子

引用文出典：『論語』

孔子だからといってすべてを知っているわけではないのに、多くの人が孔子のもとを訪れて、質問したり助言を求めたりした。質問に答えられないとき、孔子は端から端まで調べ尽くした。つまり、上下左右、ありとあらゆる可能性と主張を考えて、それらを総合した後に結論を導き出したのだ。

前項の「愛」という言葉を例にとってみよう。国語辞典が「愛」を男女間のものと定義しているのを見て、ふだんからセクシャル・マイノリティーのことに関心のない人なら、問題意識を持たずにやり過ごしてしまうだろう。だが、孔子なら果たしてこれは正しいことだろうかと言って、端から端まで調べ回っただろう。国語辞典とは異なる意見にも広く耳を傾けてから、自分の見解を決めたに違いない。

自分の見解を決めるということは、見たままの姿を信じないという宣言だ。与えられた情報を鵜呑みにするのではなく、疑問を差し挟むことだ。どちらか片方の見方にこだわらず、反対意見にも耳を傾けるなどして、多様な主張を集めたうえで、自分の見解を導き出そうという意志を表明することである。

話をするときはもちろん、聞くときも論点を定めるべきだ。聞き上手とは、ただ聞いたことをそのまま受け入れることではない。言葉の左から右までを探り、その核心と論点を把握しなければならない。これが孔子流の解釈のやり方だ。

孔子のように、目に見えたもの、耳に聞こえたことをそのまま信じ込むのではなく、常に調べ尽くす態度が必要だ。そうしてこそ、初めて知性が伸びるのだ。

第4章

創意工夫

生き生きした話術

今は創造性が求められる時代だ。
しかし、詰め込み教育とトップダウン式の文化を変えていかない限り、
創造性を発揮できる社会の実現にはほど遠い。
そのことは、古い体制を維持したまま
西洋の新しい技術だけを導入しようとした、
朝鮮王朝末期の〝東道西器〟論の失敗を見てもわかることだ。

にもかかわらず、一人ひとりの人間は創造性を求めている。

社会全体はどうあれ、ほんの一部でも創造的な人間がいてこそ、その個人はもちろん、世界も少しずつ変化していくことができる。

言葉もそうだ。

創造性に満ちた言葉は人の心を惹きつけるが、陳腐な言葉では相手に真意を伝えることも難しい。

言葉の中身もスタイルも、新しくしなくてはならない。

22

創意工夫

あなたの中には無限の力がある

知性の平等は人類を一つに結びつけるきずなであり、
人間社会が存在するための必要十分条件である。
ただ実際のところ、人間が平等なのかどうかはわからない。
だから、私たちは「人間は平等なの〝かもしれない〟」
と言おう。それは一つの意見にすぎない。
そして、同じ意見を持つ人たちとともに、
そのことを立証しようとしているのだ。
だが、私たちは知っている。
平等こそが人間社会を成り立たせているの
〝かもしれない〟ということを。

ジャック・ランシエール

ジャック・ランシエール（Jacques Rancière, １９４０―）。アルジェリア生まれのフランス人哲学者で、左翼的傾向を持つ。パリ第８大学教授として『無知な教師』など多くの著作がある。ルイ・アルチュセールの弟子だったが、アルチュセールの哲学が知性の不平等を擁護する側面があることを批判し、理論的決別を宣言した。

……………………引用文出典：『無知な教師』

ランシエールは現代の古典とも言える『無知な教師』という本の中で、「人間の知性は平等だ」という挑発的な主張を展開するために、ある過去のエピソードを掘り起こした。

19世紀のオランダ、ルーヴェン・カトリック大学で、外国人教授ジャコトは学生にフランス語を教えることになった。ところが問題は、学生たちはフランス語がまったくわからず、教壇に立つジャコトのほうもオランダ語をまったく解さないという点だった。

そこでジャコトは学生たちに簡単な教材だけを与え、ただ彼らが勉強する様子を見守っていた。しかし驚いたことに、学生たちは徐々にフランス語を習得し、完璧に駆使できるようになったのである。教師が一方的に知識を詰め込まなくても、学生のやる気を引き出すだけで教育は可能だということを示す事例だ。

この話を通じてランシエールは、人間同士の間でどちらかが一方的に指示を下すような関係は不要であることを力説し、人間の知性が驚くほどに平等だという点も強調した。

もちろん、ランシエールの主張をそのまま受け入れるには無理がある。ジャコトとは異なる例が、私たちの身近で簡単に見つかるからだ。だからランシエールは、自分の主張を「かもしれない」として断言を避けたのだ。

しかし、知性というものは実際には不平等かもしれないが、知性の平等を信じる人々の努力の積み重ねによって、社会は発展するのである。

ランシエールの主張が意味を持つのは、知性の平等を立証したからというより、知性の平等の可能性を発見したためだ。幼時に教育を受けられなかったからといって、また貧しくて本を読む機会がなかったからといって、決して知性が劣るわけではないということを明らかにしようとした。

社会的環境のせいで自分の知性が劣っていると思っている人たちに、理論的な希望と可能性の土台を提供したのである。

ジャコトのケースに見るような奇跡を起こすためにはまず、「自分は駄目だ」「自分は劣っている」という思い込みを捨てなくてはならない。自分の無限の潜在力を固く信じるのだ。

もちろん、信じて努力すればすべてが解決するわけではないが、だからといって気持ちの問題を軽んじてもならない。知性を飛躍させたければ、自分に無限の力があると信じるべきだ。創造性を育てたければ、まず自分自身を信頼しよう。

23

創意工夫

心が変わってこそ
パラダイムも変わる

新しいパラダイムに従い、科学者は新しい道具を使い、
新しい場所を見る。
ここで注目すべき点は、科学革命が起きる瞬間、
科学者は使い慣れた道具で
見慣れた場所を見ているのに、
不意に、これまでとは違った
新しいものが見えてくるということだ。

――トーマス・クーン

トーマス・クーン（Thomas Kuhn，１９２２―96年）。アメリカの科学哲学者。プリンストン大学教授を務め、『科学革命の構造』など多くの著作を残した。科学の発展プロセスを説明するために、「パラダイム」「通常科学」「通約不可能性」などの概念をつくり出した。

……………………引用文出典：『科学革命の構造』

科学者というのは、徹底して理性的に考えると思うかもしれない。だが、科学哲学者のトーマス・クーンによると、そうではない。

通常、学問は新しい理論が古い理論にとって代わることで発展するが、必ずしもそれだけではない。Aという理論の反証事例が発見されたからといって、科学者たちはただちにAを廃棄したりはしない。

科学もやはり人間が関与していることなので、科学者の立場からすると、これまで信じてきた理論を簡単に捨てるのは難しいことなのだ。

科学は単に、反証によって徐々に発展していくのではなく、パラダイムが根本的に転換したときに発展する。それを科学革命と呼ぶが、パラダイムとは「専門的科学者の共同体に受け入れられている信念の総体」のことだ。つまり、一つの思考体系を支える根本的な部分と言っていい。

では、パラダイムが転換するのはどういうときだろうか。まず、旧来の理論に合わないケースが頻繁に見つかり、科学者集団の中で危機感が生まれなくてはならない。次に、旧来の理論にとって代わる代替理論が登場する必要がある。

トーマス・クーンは科学発展の原動力として、理性だけではなく、科学者たちの心理にも注目した。

つまり、最も理性的な学問であるはずの科学においてさえ、その分野に携わる人間の心がまず変わらなければならないというのだ。

このように、自分のこれまでの見方や主張とは食い違う事例がたくさんあっても、それを事実として受け入れる勇気がなければ何にもならない。誰かが代案を出しても、それに耳を傾ける意志がなければやはり無意味だ。

創造的な人間になりたければ古いものを捨てる勇気を持つべきである。こだわりや拒否感を捨てて、他人の意見や新しいものを進んで受け入れなければならない。そのとき初めて、あなたの思考と言葉のパラダイムも変わり、それに伴い多くの変化が訪れることだろう。

24

創意工夫

新しさとは過去との断絶ではない

哲学の世界において、源流を持たないものなど一つもない。

完全な転換などないのだ。

今日の哲学者は、プラトンやライプニッツの思想から見出せることを、ハイデガーやウィトゲンシュタインからも発見することができる。

これらの思想に見られる類似点は、むしろいっそう興味深く、刺激的でもある。

――アラン・バディウ

創造性に対する最大の誤解は、絶対に既存のものと違っていなければならないという思い込みだ。古いものを完全に断ち切ることを創造的だと思っている人は多い。しかし、そのようなやり方では創造的なものは生まれない。過去と断絶するよりも、現在から一歩踏み出したり、内側から殻を破ったりするところから始まる。どんな天才であっても、古いものを完全に無視することはできない。

古来から哲学とは新しいもの、既存のものとは違ったものであるべきだと考えられてきたが、過去と完全に断絶したり転換したりした哲学者はいなかった。

一例として、ハイデガーやウィトゲンシュタインのような独創的な哲学も、プラトンやライプニッツの哲学に似ている。彼らは独創的であろうとするがゆえに、逆説的に既存のありとあらゆる思想を学んだのだ。実際、そうしてこそ無駄骨を避けることができる。

たとえば、せっかく苦労して「パラダイム」という新しい概念を生み出したと思ったら、もう数十年も前にトーマス・クーンという哲学者によってつくられていたものだった、などということもあるかもしれない。

そういうわけで、創造性を育てるには既存のものの特徴や欠点を調べ、それを足掛かりにして発展させるほうが効率的だ。

言葉も同じことだ。古臭く陳腐で平凡な言葉では、人に感動を与えることはできない。

よくあるような「花が咲き乱れる季節になりました」で始まる挨拶や、「私は一男一女の長女として」で始まる自己紹介に、魅力を感じる人はいないだろう。だからといって、自分の創造性をアピールするために、自己紹介のテンプレートを無視するのは賢明な方法ではない。

先例から良いものを選んで自分なりに発展させ、悪いものは反面教師とするのが賢いやり方だ。

新しさとは過去との断絶ではない。この世界に完全に新しいものなど存在しない。だから、まず先例を探すことから始めよう。印象的な自己紹介や挨拶をしたければ、そのような例を探してそこから学ぶのだ。完全に新しいものにしなければという強迫観念や、反対に、先例をそっくり真似ておけばいいという安易な態度は捨てよう。

25

創意工夫

既存のものを組み合わせることも一つのアイデアである

西学（カトリック）は我が道（東学）とは似ているようだが違いがある。
祈るのは同じだが、西学の祈りには実がない。
ところが、さだめは一つであり道も同じだ。
ただ、理《ことわり》が違うのだ。

――崔済愚《チェジェウ》

崔済愚（1824―64年）。東学の教祖。朝鮮王朝末期、没落した両班の家に生まれた。儒教、仏教、道教、西学（カトリック）の影響を受けて東学を創始した。布教活動中に世を乱すとして逮捕され、処刑された。彼の名誉回復を求める運動が、後に民乱と結びついて東学農民戦争へと発展した。東学は現在も天道教として継承されている。

……………………引用文出典：『東経大全』

朝鮮王朝末期に生まれた東学とは、慶州《キョンジュ》〔朝鮮半島南東部の都市で新羅の都〕の没落両班《ヤンバン》〔かつての朝鮮の支配階層〕の家に生まれた崔済愚が創始した宗教で、全国に拡大して歴史上最大の農民戦争を率いた。

このように瞬く間に多くの人々の心をつかみ、近代史に大きな影響を及ぼした東学だが、実際には崔済愚の思想はさほど独創的ではなかった。崔済愚は無から有を創造したわけではない。ひょっとしたら、東学は従来からある思想を融合して接《つ》ぎ木したものにすぎないのかもしれない。儒教、仏教、道教思想を融合し、そこに西学と呼ばれたカトリックの長所を組み合わせたものなのだから。

つまり、既存の思想からいいとこ取りをしたのだ。時代の要求に応えているかどうかを取捨選択の基準にしたわけだが、特に平等を主張した部分を取り上げた。この点だけとっても、東学は当時の人々に非常に新しく、魅力的な思想として受け止められたのである。

崔済愚は既存のものを融合させ、接ぎ木しただけでも、十分に新しいものを生み出せることを示した。同様に、話し方も歴史から良い例を探して参考にすれば役立つだろう。あまり知られていない海外の例や人文学から取った内容を、さまざまなスピーチと組み合わせてみるのも良い方法だ。

26

創意工夫

過去は現在のためにある

歴史は人間の存在が非連続的な状態にあるということに気づかせてくれるときに意味がある。

ミシェル・フーコー

引用文出典：「ニーチェ、系譜学、歴史」

数年前から韓国の入学試験制度が変わり、文系・理系とも大学修学能力試験[*1]〔全国共通テスト〕の必修科目に、韓国史が含まれるようになった。教員採用試験などの各種資格試験でも韓国史が基本科目に入っている。学校だけでなく、大人の教養としても、歴史が重視されるようになった。

しかし学ぶ人はもちろん、教材を執筆したり試験問題を作成したりする人たちでさえ、なぜ歴史を学ぶ必要があるのか、あまりわかっていないようだ。

たとえば国家試験に出題された問題に、琵琶形銅剣[*2]と櫛目文土器[*3]の時代区分を問うものがあるが、いったいこれが今の時代に何の意味があるのだろうか。19世紀末から20世紀初頭の皇国中央総商会[*4]と保安会[*5]の活動内容を覚えることが、一般人にとって何の役に立つのか。

専門家が知っていればいいことで、必ずしも教養として知っているべき内容ではないように見える。

フーコーは言う。歴史を学ぶ目的は、過去を理解することにあるのではない。現在を見つめる観点を変え、現実を変えるためだと。歴史を勉強すると、今の時代には当たり前と思われていることが、過去には当たり前ではなかったことがわかる。

すると、一見頑丈そうに見える現在の社会体制の連続性に亀裂が入り、現在を変える可能性が開かれる。また、過去を知ることで未来を予測し、進むべき方向を定めることができる。これが歴史の勉強をする根本的な理由だ。

ところが、こうした目的を忘れて、重箱の隅を楊枝でほじくるような事項の暗記を重視するがゆえに、ひたすら歴史上の人物の生没年を覚え、記念碑を建て、生家を復元し、派手な記念事業を執り行うことだけが、後世の人間の役割だと勘違いすることになるのだ。

こうして歴史教育は主体的で賢明な市民を育成するのではなく、ただ先人のお墓を拝む者をつくるためのものとなってしまった。

こんな歴史の勉強をしても創造性は育たない。細かな事柄を覚えようと努力するよりも、その時代の状況と流れを現在と結びつけて見ることが大切だ。

たとえば崔済愚と東学について学ぶなら、単に崔済愚の思想と東学の成立の過程を暗記するのではなく、東学が当時の人々にとって大きな魅力を発揮した理由は何か、崔済愚はどんな言葉で人々を説得したのか、そして、それを今日どのようにして自分の活動の中で活かすことができるのかを想像しなければならない。

＊1　大学修学能力試験：日本でいう「大学入試センター試験」のこと。
＊2　琵琶形銅剣：青銅製の剣制の一種で、中国東北地方から朝鮮半島にかけて出土している。
＊3　櫛目文土器：櫛歯状の道具で幾何学的文様を施した土器の総称。器形は尖底、あるいは丸底の砲弾形が基本的である。
＊4　皇国中央総商会：1898年にソウルの商人たちが外国商人から国内市場を守るために設立した団体。
＊5　保安会：1904年にソウルでつくられた独立運動団体。日本による荒地開拓権要求に反対した。

27

創意工夫

「空白」に注目すること

ある出来事の基本的な存在論的性格は、それを出来事たらしめる空白に命名することだと言える。

アラン・バディウ

引用文出典：『倫理』

アラン・バディウの言葉をひと言で言えば、ある出来事を「出来事」たらしめるには、「空白」に注目する必要があるということだ。

空白とは、ある一つの分野において覆い隠された部分のことを言う。そこは人々が関心を持たず、とりわけその分野の主流派が隠そうとする部分だ。

　これに名前をつけて意味を与えることで白日の下にさらすとき、それは「出来事」となる。つまり出来事とは、従来のものとは違った新しい方法とシステムの出現のことだ。それは創造性のたまものなのである。たとえて言えば、マクロな視点で意味を追求するモダニズムに対して、ポストモダニズムが空白と言うべきミクロな視点と無意味性に焦点を当てて、これを思想と芸術で表現したような具合だ。

　会話でも同じである。空白に注目することで新鮮な印象を与えることができる。相手を褒めてその人の心をつかみたいなら、他の人が気づかなかった長所を見つけ出して褒めるといい。そうすると相手はこれまでとは違った感じを受け、好感を持つようになる。

　批判するときも同じだ。誰もが指摘するようなことよりも、空白の部分、つまり避けて通ってきた問題を指摘し、気づかせてあげるほうが効果的だ。

　言葉とは表現方法や修飾も大切だが、なによりも重要なのはその中身だ。言葉を勉強するうえで創造性を強調するのもそのためだ。独創的な内容を含む話は、たとえ表現が稚拙でも、その中身によって相手の心を動かす力がある。空白だった部分に光を当てる言葉は、話し方が未熟であっても強い影響力を持つことができるのだ。

28

創意工夫

書いて変わり、読んでもらってまた変わる

あなたが論じた四端七情論を伝え聞きました。以前に私が述べたことが穏当ではなかったとの懸念をすでに抱いておりましたが、あなたの反論を聞いて改めて誤りを悟りました。そこで次のように修正してみました。

―― 李《イ》滉《ファン》

李滉（1501―70年）。号は退渓《テゲ》。朝鮮王朝時代の性理学者。理気二元論を主唱した。ずっと年下の奇大升《キデスン》との論争が有名であり、李珥《イイ》、曺植《チョシク》らと交流した。何度も官職に就くよう勧められたが一貫して辞退し、教育に専念した。

引用文出典：『論四端七情書』

これは李滉が奇大升[*1]に宛てた手紙の一部だ。奇大升が李滉の理論的問題を指摘し、李滉がこれに応えることで、かの有名な四端七情論争が始まった。当時の李滉は中年の大学者であり、奇大升は息子ほども年の離れた初学者だった。にもかかわらず、李滉は奇大升を無視せず、丁重に応対した。そればかりか感謝の言葉まで述べ、批判の一部を受け入れて自分の理論を修正した。これによって李滉の理論はいっそう堅固になった。

創造的な人間になりたければ、まずは自分の考えを文章にすることだ。話すときは録音でもしない限り、自分が何を言ったのか振り返ることは難しい。だが、文章にして考えをまとめると、それを読んで反省し、深く考えることができる。そして自分の考えと表現を修正していけば、それだって一つの創造的な作品にもなる。

文章を書けば、書いているうちに自然と自分の考えがまとまってくる。ある問題についてなんとなく反対していたのに、文章にしてみたところ、気がつくと賛成の立場に転じていることもある。それが作文の醍醐味だ。

単に自分の考えを文章にまとめるだけではなく、書いたものが自分の考えになったりもする。

書いたものを誰かに読んでもらうと、もっと良いだろう。批評してもらうことで、自分の考えと表現をいっそう発展させることができるからだ。文章を書くことで自分の考えと表現が変わり、それを誰かに読んでもらうことで、さらに自分の考えと表現が新しくなるのだ。

＊1　奇大升（1527－1572年）：朝鮮中期の性理学者。

第5章

傾聴

相手の話に耳を傾けてみる

本格的に言葉を学ぶには「傾聴」、
つまり相手の話に耳を傾けることが必要である。
言語生活を大きく分けると、話すことと聞くことの二つからなるが、
話すことと同じくらいに聞くことは大切だ。
相手の心を開くには、話すことより
「落ち着いて話を聞いてあげる」ことだ。
人は話し上手な人よりも、
聞き上手な人に対して心を開くものだからだ。

実際、話し上手になるための秘訣は、「傾聴」にある。
相手の話をよく聞いてこそ、その人を理解できるからだ。
相手を理解したうえでなければ、
自分も良い話をすることはできない。
さらに、自分を守るためにも聞くことは大切だ。
なぜなら口は災いの元であり、
人が傷つくのは心ない言葉が耳から入るからだ。
言葉の洪水の中で、相手の話によく耳を傾けてこそ
自分を成長させ、身を守ることができる。
外部から成長の原動力を得るのも、自分の耳を通してこそ可能となる。
また、他人が鋭い言葉を言っても、それをしっかり受け止められるか
どうかは、結局は自分の耳にかかっている。

29

傾聴

奪おうとするなら、まず与えなさい

相手の心を得たければ、まず開かせなさい。相手から奪おうとするなら、まず与えなさい。これが秘密の知恵であり、柔よく剛を制する方法です。

——老子

引用文出典：『老子』

会話とは、話すことと聞くことを合わせたものだ。一般にうまく話すほうが大事だと思われているが、実はうまく聞くほうが重要だ。

面接のような特殊なケースを除けば、会話のカギを握るのは断然、聞くことにある。主に自ら進んで聞き役に回る人が、人間関係の中心に立つものだからだ。

あなたは話し上手な人になりたいと思うだろうが、よくよく考えてみよう。あなたが会いたいと思うのは、自分の話をよく聞いてくれる人ではないだろうか。というのは、誰でも聞き役に回るより、自分の話を聞いてほしいという欲求が強いからだ。

マーケティングの世界でも、消費者の欲求をしっかり把握することで成功できるように、会話においても相手の話したいという気持ちを汲み取って、聞き役になってあげられる人のほうが魅力的に見えるものだ。

老子は、「人はそうするのが当然だ」と説教しているわけではない。これは戦略の一つだ。相手の心を得ようとするなら、まず心を開かせなければならない。相手が十分に本音をさらけ出せるよう関心を注ぎ、安心できるように温かく包み込んであげることだ。相手があなたに本音を見せてくれるということは、つまりあなたがその人の心をつかみ始めたことを意味する。

奪おうとするなら、まず与えよ、というのがキーポイントだ。自分の耳を与えて、相手の言葉を奪い、心もつかみ取るのだ。あなたが聞いてあげればあげるほど、相手は話してくれる。あなたが聞くことに集中すれば、相手も話すことに集中し、あなたが心から耳を傾ければ、相手も心から話をしてくれる。

聞くことが話すことに勝り、話し手ではなく聞き手が心をつかみ取る。上手に話して相手の心をつかむことが剛の技であるとすれば、よく聞いてあげることで相手の心をつかむことは柔の技だ。剛と剛が争う世界で柔を選ぶことは、一種のフェイント作戦といえる。これこそ老子が言うところの「秘密の知恵」に他ならない。

30

傾聴

心を傾けなければ聞こえない

心ここにあらざれば、視れども見えず、聴けども聞こえず。

――大学

『大学』。四書五経の一つ。ＢＣ５世紀から４世紀の間に書かれたと推定される。作者は未詳であるが、儒学者集団が書いた可能性が高い。朝鮮には三国時代に伝来し、今日まで読み継がれている。「修身斉家治国平天下（天下を治めるには、まず自分の行いを正しくし、次に家庭をととのえ、次に国家を治め、そして天下を平和にすべきである）」の一節が有名。

……………………………引用文出典：『大学』

相手の話を聞くことは簡単だと思うかもしれないが、実はそうではない。傾聴するのにも努力が必要だ。まず、自分が話したいという欲求を抑えなければならない。雄弁家だった故金大中《キムデジュン》[＊1]大統領は、良好な人間関係をつくる秘訣として「傾聴」を挙げている。

学生時代の金大中には悪いクセがあった。相手の話をじっくりと聞いていられないのだ。物知りで口達者な彼は、いつも相手の話を遮っては自分が話をしてしまう。このクセを直すために、沈黙する練習をした。机の前はもちろん、トイレの壁や腕時計にまで「沈黙」と書いた紙を貼りつけた。こうした努力の末、やっと落ち着いて人の話を聞けるようになった。

政治とはとどのつまり人間関係に尽きるが、彼がその政界で大統領にのぼり詰めたのも「傾聴」のおかげだった。

ところで、沈黙することだけが傾聴ではない。相手の話をじっくり聞くには、落ち着きや心の余裕、集中力が必要である。そして適切に反応を示し、相手の話の意図と真意を読み取る技術と見識も持っていなくてはならない。そのためには絶え間ない訓練を要する。

心を傾けるとは、相手の話に全身全霊を傾けるという意味だ。心ここにあらずでは聴いても聞こえない。相手の話を聞きながら、次に自分が話すことばかりを考えているなら、それは話を聞いているのではなく、聞く「ふり」をしているにすぎない。つまり、話のうわべを聞いているだけで、その中身までは読み取れていないのだ。そのうわべだって、しばしば怪しくなったりもする。

＊1　金大中（1925―2009年）：韓国の第15代大統領。民主化、南北朝鮮や日韓の関係改善に尽力した。

31

賢い人は心を鏡のように使う

至人〔悟りを開いた人〕は心を鏡のように使う。行くものは行くに任せ、また来るものは来るに任せる。相手に応ずるが、留め置くことはない。

――荘子

荘子（BC369―289年）。中国戦国時代の哲学者。老子と並んで老荘思想家、道家哲学家と称される。儒教的な規範と国家主義を風刺し、個人の自由をうたった。『論語』と『孟子』は対話形式だが、『荘子』は主に寓話の形をとっている。

……引用文出典：『荘子』

相手の心をつかみたければ、良い聞き手になることだ。相手が悩みを打ち明けるときは、必ずしも答えを出す必要はない。まずはしっかり聞いてあげればいい。傾聴するだけでも、心のしこりはほぐれるものだ。

荘子の言葉を紹介しよう。

至人は心を鏡のように使う（至人とは荘子が理想とした自由人のこと）。悲しみが来れば存分に悲しみを映し出し、喜ぶべきことが起きれば、やはり余すところなく喜びを映す。そうやって物事をあるがままに反映するが、その物事が去れば、その残像も消える。心のありようも、そんな鏡のようであるべきだ、と。

人の話を聞くのも、鏡のようでなくてはならない。傾聴とは、単に沈黙を保つことではない。相手の言葉に適切な合いの手を入れたり、視線や態度で反応したりすることも含んでいる。そうしてこそ、相手はあなたが本気で話を聞いてくれていると感じるだろう。要するに、鏡のように傾聴するとは、相手の姿をそのまま映し出してあげることを言うのだ。

人は鏡を見ることで、自分の顔と向き合える。あなたが相手の鏡になることで、その人の感情や置かれた状況を映し出してあげること、それが傾聴だ。このやり方は第一に、相手が自分でも気づけなかった感情に気づかせてあげることができる。

これは感情がもつれているときほど有効だ。しっかり耳を傾けていると、相手は自分の話を打ち明けるようになる。その過程でそれまで見えていなかった感情に気づくことができるのだ。

第二に、相手は自分が置かれている状況を客観的に見極められるようになる。灯台下暗しと言うが、誰にとっても自分を客観的に見るのは難しい。そのようなとき、簡単な質問をしながら状況を要約することで、自分と向き合えるようリードしてあげることができる。

「鏡のようになって聞く方法」を、カウンセリングの世界では「ミラーリング」と呼ぶ。

ただ、ここで注意すべき点もある。相づちが助言や忠告になってはならないということだ。ほこりをかぶった鏡では、物をきれいに映し出すことはできない。傾聴は相手を見下すような聞き方ではなく、まず自分のほこりを拭き取って、謙虚な姿勢で聞く態度でなくてはならない。

32

傾聴

理解に誤解はつきものだ

厳密な理解とは、理解と誤解の両者を正確に受け入れたうえで、その両方の側面の中から全面的な理解を目指して進むことを言う。

――フリードリヒ・シュライエルマッハー

フリードリヒ・シュライエルマッハー（Friedrich Schleiermacher, 1768－1834年）。ドイツの神学者。近代神学の父と呼ばれる。ベルリン大学教授を歴任。当時の知識人たちによる宗教批判に反論する一方で、宗教を神学として体系化するために尽力した。また、解釈学に大きな影響を与えた。

……引用文出典：『Hermeneutik und Kritik mit Besonderer Beziehung auf das Neue Testament（解釈学と批評：新約聖書との特別な関係を中心に）』

他人を完璧に理解することは可能だろうか？　シュライエルマッハーは不可能と考えた。他人を完全に理解するには、自分固有の思考方法と観点をすべて捨てなければならない。だが、これは口で言うほど簡単ではないからだ。結局、他人を理解する際には、必然的に一定の誤解が伴わざるをえない。

これを恐れて他人を理解することから逃げたり、ある一定の線以上に近づくことを避けたりする人もいる。とりわけ、信頼していた相手からひどく傷つけられた人はそういう傾向がある。

しかし、本来的に人間関係というものは理解と誤解がないまぜになっているものなので、そこに誤解が伴うのは必然だ。だとすれば、誤解がないという前提から出発するよりも、誤解する可能性を積極的に認めたほうがいい。そうしてこそ、他人と正面から向き合えるようになる。

逆説的なことだが、傾聴とは誤解を認めることから始まる。相手を誤解することを恐れてただ聞くことに専念し、自分の判断と理解を控えるのは、配慮ではなく逃避である。

重ねて言うが、傾聴とはただ聞くことではない。耳と心を傾けることだ。沈黙ともまた違う。

もちろん意図的な曲解は例外だ。シュライエルマッハーも誤解をまるごと肯定しているわけではない。ただ、まだ話を聞く前から誤解を恐れてはならないと言っているのだ。理解には必ず誤解が伴うため、これを回避しようとしたり、包み隠そうとしたりせず、正面から堂々と立ち向かうべし、という宣言なのである。

33

傾聴

行間を理解すれば、自ずと脈絡が見えてくる

文を読むときは行間を理解してこそ、そこに書いてある道理を究めることができる。もし行間を理解できなければ、道理に近づく手がかりは失われてしまう。行間をつかめば、自ずと文の脈絡もわかるものだ。

——朱子

引用文出典：『朱子語類』

先の引用は文の読み方に関することだが、聞くことにもそのまま当てはまる。聞くときも〝行間〟をしっかりと理解する必要がある。相手の言葉を額面通りに受け止めてはならないという意味だ。誰にでも隠したいこと、気軽に口に出せないことがある。だから相手の言ったことが真意だとは限らない。

たとえば、ある人が「私は親切な人間だ」と言ったとしよう。そこからあなたが客観的に確認できる事実は何か。それは、〝その人は親切な人である〟ではなく、文字通り〝その人は自分が親切な人であるということを他人に知らせようとしている〟ということだ。その人が本当に親切かどうかは、二の次の問題だ。

「自分は親切だ」と言った理由と背景を見なくてはならない。あわせて、相手の人となりと振る舞いについても知らなければならない。

このように言葉の行間を読むことは、言葉の裏にある脈絡まであわせて見るという意味だ。そうして初めて言葉の道理、つまり真意がわかる。

ただし、これも度が過ぎてはいけない。言葉の脈絡を考えるのはいいが、だからといって頭から疑ってかかるという態度はよくない。相手の意中を見抜いてやろうと頑張りすぎると、相手はこれを察知し、すぐに口をつぐんでしまうだろう。答えはやはり「適度に」だ。状況をよく見て適度に加減することが大切である。

批判は自分を成長させてくれる

世の中で私の主張を批判する者たちの論理の中で、真に取り上げるべき良いものがあるなら、それはすべて私を錬磨するうえで大いに役立つことだろう。それは私を戒め、畏れさせ、修養と省察を促し、さらに徳を向上させる礎となるからだ。古来より「自分の短所を批判してくれる人はすべて自分の師である」という言葉があるが、師であればどうしてその人を憎めようか。

――王陽明

王陽明（1472―1528年）。中国明代の哲学者。朱子の性理学を批判し、内面の修養を重視する陽明学を創始した。朝鮮では朴殷植《パクウンシク》、鄭寅普《チョンインボ》らが継承した江華学派が陽明学に傾倒した。
……………………引用文出典：『伝習録』

言葉一つが人に与える傷は、思っているより深いものだ。

根拠のない非難を受けると、そこに根拠がないがために苦痛であり、理由のある批判は理由があるがために、また苦痛となる。

こうした状況から自由になれるならいいが、人との関わりがある以上、避けるのはほぼ不可能だ。だったらそれを避けようとするよりも、非難と批判を受けたとしても、そこからくる苦痛をなるべく減らし、ひいては自分にとってプラスになる方向でとらえたほうがいい。

王陽明が注目したのは、非難と批判のうち後者だ。自分に向けられた批判こそ、自分を啓発してくれると言う。もちろん、その前提は「真に取り上げるべき良いもの」だ。そこには根拠のない非難は含まれない。称賛もまた、自分を奮い立たせてくれる。しかし、痛い思いをしたとしても、批判ほど自分を成長させるものもない。

筋の通らない批判なら無視のしようもあるが、自分で考えてもあなたの欠点を正確に突いた批判であれば、聞き流すことは難しいだろう。このとき、あなたの心の中で欠点を克服しようという決意や、欠点に気づかせてくれたことへの感謝とともに、欠点を認めまいとする反感と怒り、羞恥心などが入り交じり、相争うかもしれない。

これらのうちどの感情を選ぶかは、あなたの選択だ。王陽明は前者を選んだ。あなたを批判した人は、あなたの足りないところに気づかせてくれ、あなたをさらに成長させてくれる人だ。さらには、その人を師と仰ぐことができるなら、むしろ感謝すべき存在であり、憎む対象にはなりえないだろう。

35

傾聴

自分の悪口を聞いても、想像を膨らませないこと

誰かがあなたの悪口を言っているという噂を聞いたとしよう。
だが、これは人から聞いた話にすぎない。この噂には、
あなたがこの悪口のせいで害を被ったという話は
含まれていない。たとえれば、自分の息子が病気で寝込んだ
ことは見てわかるが、それが重篤な状態なのかはわからない。
このように最初の話だけを受け入れるべきだ。
心の中に他の意見を付け足してはならない。
そうすればあなたには何の問題も起こらないだろう。

――マルクス・アウレリウス

マルクス・アウレリウス（Marcus Aurelius, 121－180年）。ローマ帝国第16代皇帝であり、ストア派の哲学者。多くの時間を戦場で過ごしたが、暇を見ては読書や思索を好んだ。純理に従う生き方と理性的な思考を重んじたその思想は、著書『自省録』に盛り込まれた。
……………………引用文出典：『自省録』

誰かが自分の悪口を言いふらしている。そんな話を聞くと、自然と心の奥底から怒りが込み上げてくるだろう。しかし、その話は「誰かが自分の悪口を言っている」という客観的な事実を伝えているだけだ。

そこには「だから怒るべきだ」とか、「悪口のせいで損害を被っている」という内容は含まれていない。

これはちょうど病気で寝込んだ息子を見たときに、あなたにわかるのは息子が病気だという事実だけで、重篤な状態にあるとまで判断できないのと同じだ。

このようにマルクス・アウレリウスは、自分に関する否定的な話を聞いたときに、最初の話だけを受け入れ、それに付随する他の意見を付け足してはならないと助言する。

誰かから言葉で攻撃されたとき、その言葉に一理あると思えば受け入れてしまえばいい。「あなたのため」と言いながら、実は悪意があることが明らかなら、それにかまう必要はない。正しい意見であれば受け入れ、悪意なら無視すればいいのだ。根拠のない中傷や謀略なら、聞き流してしまえばいい。たとえその言葉に自分への誹謗や非難が含まれていようが、そのせいで気分を悪くする必要はない。ただ言わせておけばいい。これこそが他人の攻撃から自分を守る道である。

第6章

質問

うまく質問し、うまく答えるには

韓国はしばしば「質問のない社会」と言われる。
しかし正確に言うと、「質問がない」というより、
質問が一方通行になっている社会だ。
職場では先輩が、学校では教師が、日常では目上の人が、
質問する権利を独占している。
上の人が尋ね、下の人が答えるという図式だ。
さらに上の人の質問というのも、
実は質問というよりも疑問文の形をした命令に近い。

目指すべきは、誰でも気軽に本物の質問ができる社会だ。
質問が増えると、どんな変化が起きるだろうか？
まず、質問のある社会になる。
質問のある社会は、流れる水のように生き生きとしている。
質問とは、すなわち変化をもたらす芽であり、
豊かなコミュニケーションの原動力だからだ。

36

学ばないでいると質問も出ない

君たちは最近、質問が少ないが、どういうわけだ？
人は学ばないでいると、
自分はすでに学ぶ方法を知っていると思い込みやすい。
すると知らず知らずのうちに、ただ自分が知っている
範囲内で考えればいいと思ってしまうのだ。

――王陽明

引用文出典：『伝習録』

王陽明が弟子たちを叱った理由は、質問をしなかったためだ。

質問とは、現状に対する不満からくる渇望の表れだ。だから質問がないということは、現状に満足していることを意味する。そんなとき、人は自分が知っていることがすべてであり、それが全部正しいと思い込む。そして、その範囲内だけで思考し、行動しようとする。

しかし、疑問を抱いてこそ問題になり、問題になってこそ変化し、社会が発展するのだ。常に疑問を持ち、質問を投げかけるべきだ。自分の知識や自分が置かれた状況に対して、自分の周囲のすべての事柄に対して――。

そうしない限り、今日も明日も何も変わらない。質問もせずに変化を望むのは、愚かなことだ。

問題意識を持つことが、変化の第一歩である。当たり前と思われていたことに多くの質問を投げかけたおかげで、世界は少しずつ発展してきた。

古代ギリシャの哲学者タレスは、西洋学問の始祖と言われるが、実際に彼が残した業績は、「万物の根源は水である」という非科学的な言葉がほぼすべてだ。それにもかかわらず哲学史に名を残したのは、世界の根源は何か、という質問を最初に提起した人だったためだ。たとえその答えは不十分であったとしても、彼がその質問をしたおかげでさらなる質問が相次ぎ、哲学や科学が誕生したのだ。

良い質問と良い答え。どんな学問でも、この二つのうち一方だけでも意義がある。問題提起したら、それに対する答えも導き出すべきだと考えがちだが、必ずしもそうではない。良い問題を提起しただけでも十分に価値がある。とにかく問題を提起してこそ、後から答えを考えることも可能になるからだ。

よく質問する人を反対ばかりする人だと決めつけ、その人に解答まで要求することがしばしばあるが、質問があまり出ないとしたらそのせいだ。このような認識から変えなければならない。

37

質問

元から決まっているものなどない

古くから伝わるものでも、それが規範性を持たなければ古典的存在とは言えても、伝統的存在にはなれない。伝統とは一種の歴史的努力の結果であり、文化的権威として現在もなお活動しているもののことだ。

――崔益翰《チェイッカン》

崔益翰（1897―?）。朝鮮近代の思想家で抗日運動家。伝統儒学にマルクス主義を結合した。早い時期から抗日運動に加わり投獄される。解放後は朝鮮建国準備委員会委員長の呂運亨《ヨウニョン》とともに左右勢力の合作を目指したが、失敗して北朝鮮に渡った。

……引用文出典：1939年『東亜日報』に掲載された寄稿文「伝統探求の現代

崔益翰は日本による植民統治期に活動した士人であり、独立運動の闘士である。独立運動のように危険を伴う社会的行動は、確固とした勇気を必要とするが、その勇気は理論と信念に裏づけられている。

そのため、当時の独立闘士たちは天道教[*1]や大倧教[*2]、キリスト教、仏教などの宗教に頼ったり、社会主義、民族主義、民主主義などのイデオロギーを基盤としていた。なかでも崔益翰は儒教という伝統的イデオロギーを根拠に、大同社会（孔子が唱えた差別のない平和な社会）を夢見た。だからといって、やみくもに古いものに従う人ではなかった。彼は「古典的存在」と「伝統的存在」を区別する。

崔益翰によると、伝統は古典だが、古典イコール伝統ではない。古典とは単に古いものを指すが、伝統は古いと同時に現代においても規範性を持つものだ。いかに昔のものであっても、それが現代において意味を持たなければ当然捨てるべきだ。意味のない古典は死んだも同然であり、死んだものは博物館に保管すれば事足りる。

だから、「昔からそうだった」「そんな前例はない」などのように、歴史と規範を取り違えた主張はすべて破棄されるべきだ。古いから守るべきだとは言えない。古いからこそ疑い、変えなくてはならないのだ。

あらゆるものに疑問をぶつけよう。これまで当たり前だと思ってきたことに疑問を抱いてこそ、変化がもたらされ、発展もあるのだから。

＊1　天道教：朝鮮王朝末期の東学を継承した宗教。1919年の三・一独立運動で主導的役割を果たした。
＊2　大倧教：朝鮮の始祖とされる檀君を崇拝する民族宗教。

38

質問することでまなざしが変わる

「私」は常に他者を客体の立場に置いておくことに関心を抱いている。客体、すなわち他者と「私」との関係は、本質的に他者を客体に留め置こうとするさまざまな計略から成り立っているのだ。

しかし、他者のまなざし一つによって、そうした計略はすべて崩れ去り、今度は「私」が他者へと変貌するのである。

――ジャン・ポール・サルトル

ジャン・ポール・サルトル（Jean Paul Sartre, 1905―80年）。フランスの哲学者、小説家。実存主義哲学を打ち立てた。ノーベル文学賞受賞者に選定されたが、同賞の偏向を批判して受賞を拒否した。朴正煕政権時代に死刑宣告を受けた詩人・金芝河《キムジハ》の救命に助力したこともある。

……………………引用文出典：『存在と無』

サルトルは、人間関係とは基本的に葛藤であると言っている。和合と協同は不可能なことではないが、やはり葛藤は起きやすいというのだ。なぜなら、「私」の自由と権利を制約するのは他者だからだ。他者がいなければ、「私」はほしいままに行動できるのに、他者の存在がそれを妨げる。

この「私」と他者との葛藤の最前線にあるのが「まなざし」だ。「私」が他人をまなざすとき、「私」は主体であり他者は客体となる。反対に、他人が「私」をまなざすときは、「私」が客体となる。

ところが「私」と他者が向き合うとき、このように主体と客体の関係が逆転する、同等な対立状況に置かれる。だから権力を持つ者たちは、まなざしを独占しようとする。たとえば誰かが「私」を監視しているとしよう。「私」は彼を見ることができないが、彼は「私」を観察する。そのとき権力は彼にある。「人目を気にする」という表現は、このような状況を表している。人目を気にするのは強者ではなく、常に弱者のほうだ。

質問もまた、この視線の働きと似ている。まなざす側が権力を握っているように、質問する側が権力を持つ。質問された側は、なんとしても応答しなければならない。ところが質問を無視することも応答の一つの形なので、その利点を知る権力者は視線と質問を独占しようとするのだ。

職場の机の配置を見てみよう。通常、管理職は平社員を観察できるようになっているが、平社員は管理職を観察するのは難しい。学校でも、平教員は許可なくして校長室に出入りすることはできないが、校長はいつでも職員室に立ち入って教員たちを観察できる。質問もそうだ。主に上位にある者が質問し、下位の者が答える。面接の場を思い浮かべればわかりやすいだろう。

しかし、まさにそのために権力を逆転させることも可能となる。上に立っているからといって常に観察し、質問してばかりいることはできない。教授も教壇に立つときには、学生の目を気にせざるをえない。質問を受けるときには、上位の者も緊張する。まなざしと質問の位置関係が入れ替わることで、一瞬ではあっても権力が移動するからだ。だから弱者は絶えず質問をすべきであり、それによって権力を監視し、世界を変えていかなければならない。

39

質問

質問するときは、鋭い刃先を鈍らせよう

鋭い刃先を鈍らせ、もつれた糸を解きほぐせ。まぶしい光を和らげ、塵《ちり》と一つになれ。

老子

引用文出典：『老子』

質問することは権力維持の手段であるとともに、権力関係を逆転させる道具でもある。なので、自分が置かれている立場と状況によって、質問する態度と内容も変えるべきだ。

仮にあなたが職場の上司なら、部下にとってはあなたから質問されるだけでもプレッシャーとなる。部下はあなたの質問に緊張し、不安になるだろう。そのとき、質問はコミュニケーションの手段ではなく、一種の命令でありテストになるのだ。だから質問は変化と発展につながるどころか、あなたと相手との権力関係を維持する道具にしかならない。

したがって、上に立つ者が質問するときは、態度と内容をソフトにするよう心がける必要がある。

老子の言葉のように、鋭い刃先を鈍らせるわけだ。そうしてこそ質問された側はプレッシャーを感じることなく、自分の意見を自由に言えるようになる。

上司と部下の関係だけでなく、友人同士や恋人同士など、水平の関係においても同じことが言える。「なぜ?」「理由は?」「だから?」といったぶっきらぼうな言葉づかいで、いつもとげとげしい口調で質問する人がいる。まるで取り調べで相手を責めるような調子だ。

それよりも、「私はこう思うんだけど、違うかな?」「あなたはどう思う?」のように、相手の立場を思いやりながら、柔らかい聞き方をするほうが、相手も意見が言いやすく、生産的な会話ができるようになるだろう。

40

質問

相手と常に適度な距離を保つこと

作家は読者に衝撃を与えようとしてはならない。もしそうしたなら、作家は自己矛盾に陥ることになる。強く訴える必要がある場合でも、読者が何を遂行すべきかを提示するレベルにとどめておくべきだ。このために、「純粋な提示」という性質が、芸術作品における本質的なものと考えられるのである。

――ジャン・ポール・サルトル

引用文出典：『文学とは何か』

質問するときは、なるべく聞く者の意図が含まれない形が望ましい。どんな答えを相手から引き出したいのか、見えないように質問するほうがいいという意味だ。

最近では「答えは決まっているから、お前は答えるだけでいい」というような、質問者の意図がむき出しの例も多いが、目的が明らかな質問は、やはり取り調べになりがちだ。本物の取り調べの場だって、頭ごなしに責め立てて望みの答えを引き出すようなスタイルはとらないだろう。遠回しに聞くのも取り調べの一つのテクニックだ。

特別なケースを除き、質問するときはなるべくソフトで、意図が目立たないほうがいい。相手と親しくなりたいときも、過剰に好感や関心を示す質問は慎もう。そんなことをすると、相手にプレッシャーを与えてしまう。過剰に意図を露わにすることなく、それでいて遠回しになりすぎない、適度な表現を探すのは簡単ではない。

そのためには、やはり言葉の勉強と訓練が必要である。

サルトルも似たような悩みを抱えていたようだ。サルトルは作家の望ましい姿勢を追求したうえで、まずは読者に衝撃を与えようとしてはならないと助言する。目的がはっきりしていて、まるで命令するかのような文章は読者にプレッシャーを与え、その結果、そっぽを向かれてしまう。目的を達成しようと書いたのに、読者から無視されてしまえば、せっかくの努力も水の泡だ。

とはいえ、目的もなしにダラダラと書き連ねても、それは空虚な言葉遊びにしかならない。だから「純粋な提示」を提案する。作家は何かを提示するにしても、読者と一定の距離を置くことで、その目的を達成できるということだ。目的と無意味の中間と言ってもいい。

その適切な距離を測ることの難しさは、作家だけの悩みではないはずだ。私たちも生活の中で、「純粋な提示」のような質問ができたらいいだろう。

41

質問

質問されるのは、あなたへの信頼の証

この人を信頼してもいいと感じたとき、
つまり、この人は自分を相手に何かのビジネスを
しようとしているのではなく、
自分の人生に関わろうとしており、
また、この人は自分に影響を与えようとするよりも、
自分に共感してくれそうだと感じたとき、
学生は質問し始める。

――マルティン・ブーバー

引用文出典：『教育講演集』

自分が質問をするのも大事だが、それと同じくらい相手の質問を引き出すことも重要だ。あなたがいくらうまく質問したところで、相手がイエスかノーでしか答えないとしたら、それは単に上下関係をつくったり確認したりする行為にすぎない。質問は一方通行ではなく、お互いに自由に行き来すべきだが、それが可能なのは信頼関係があるときだけだ。

相手の信頼を得るには、まず自分がビジネスをしようというのではなく、相手の人生に関わろうとしているのだ、という認識を持ってもらわなければならない。それは自分のやり方を強要したり、影響を与えようとしたりするのではなく、相手の生き方を尊重したときに可能となる。

質問を通じて利益を図ろうとしているのが目に見えてわかる人、質問をすれば忠告と助言ばかり言い連ねる人、自分の話ばかりする人に対して、質問したい気が起こるはずがない。

職場の上司が「何でも質問してくれ」と言いながら、いざ質問すると、質問の仕方に対してまであだこうだとケチをつける。すると部下はどう思うだろうか。質問しても説教されるくらいなら、いっそ黙っていたほうがましだとなるだろう。

よく質問すると同時に、よく質問を受ける、そんな人になろう。質問が行き交うと、その社会と個人の人生は豊かになる。知らないことを尋ね合うことで知識が発展するし、お互いに質問して助け合えば親しくなれる。人間関係ものびのびして、より平等で生産的な会話や議論ができるようになる。

このように、質問にはさまざまな効果がある。

『質問　７つの力』で、ドロシー・リーズは７つの機能を次のようにまとめている。

質問をすると答えが出る。質問は思考を刺激する。質問をすると情報が得られる。質問をすると場が引き締まる。質問は心を開かせる。質問は耳を傾けさせる。質問に答えると自らを説得できる。

これは質問をする人だけが得られる効果ではない。質問を受ける人と、質問がやりとりされる社会にも、同じ効果がもたらされる。質問されることで答えが頭に浮かび、より深く考えるようになる。

質問が行き交ってこそ、社会にも答えが生まれ、そこに暮らす人々も考えるようになるのだ。

42

質問

ショーペンハウアーの論争必勝法

結論を引き出したいなら、整然と問うのではなく、質問を手当たり次第に投げつけよ。

そうすれば、相手は私が何を目指すのかもわからず、私の質問に答える準備さえできないだろう。

私はその答えを利用してさまざまな結論を引き出すことができるし、また正反対の結論だって引き出すことができる。

――ショーペンハウアー

ショーペンハウアー（Schopenhauer，1788―1860年）。ドイツの哲学者。厭世的傾向があり、仏教などのインド哲学にも関心を傾けた。変人だったため、さまざまな逸話を残している。ニーチェに大きな影響を与え、西洋哲学の中心的概念であった理性の代わりに、意志によって世界を解釈した『意志と表象としての世界』が代表作。
…………引用文出典：『ショーペンハウアー論争術』

ショーペンハウアーは卑劣な手段を使ってでも、とにかく口論で勝つための方法を紹介している。

ショーペンハウアーにとって、論理学は正しく適切な真理を求めるための道である一方、論争術は善悪とは無関係に、ただ論争で勝つための手段だった。38種の論争術を提示しているが、先に引用したのはそのうちの一つである。

ショーペンハウアーはこう助言する。論争で絶対に勝たなければならない状況ならば、相手が理解できるように順序立てて整然と質問するのではなく、たたみかけるようにして手あたり次第に質問を投げつけよ。

相手に考える暇を与えず、答えるや否やすぐに次の質問をせよというのだ。そうすると、相手は一つくらいは間違った答えをするから、そこに噛みつき、食い下がることで相手を窮地に追い込もうという戦略だ。

この他にもショーペンハウアーが列挙した論争術は、どれも卑劣なものばかりだ。

相手がカッとなったときが弱点だからそこを攻撃せよ。証明されない前提を何気なく加えよ。相手の主張を拡大解釈せよ。腹を立てるように誘導せよ。一つを認めたら全体を認めたことだと断定せよ。自分が勝利したかのような空気をつくれ。それでも勝てなければ人身を攻撃せよ……。

このようなことが書かれた小論が、「論理学と弁証法の余論」である。この小論を書くようになった理由は、大きく三つあるように思われる。

第一に、何が何でも勝たなければならないときに、勝てる方法を示すためだ。

第二に、実際の論争で使われそうな、卑劣な手段をすべて列挙して分析することで、反対にこれに対抗する土台をつくるためだ。卑劣さに勝つために卑劣さを学ぶのだ。

第三に、人間がどこまで卑劣で醜悪になれるかを示すためだ。意思疎通と関係の発展のためと言いながら、論争に臨む当事者の目的は相手に勝つことだけ。だったらそれを隠してお上品ぶるなというわけだ。つまり皮肉っているのである。

では、私たちはショーペンハウアーの論争術をどのように活用すべきだろうか？これをそのまま真似することもできれば、反対にそのような論争術を打ち破るための材料として使うこともできる。人間の醜悪な一面に気づく機会だと考えることもできる。

このうちどれを選択するかは、あなたの判断にお任せしよう。ただ、覚えておくべきことは、毒蛇が飲んだ水は毒になるが、乳牛が飲んだ水は牛乳になるという事実である。

第7章

話術

会話のテクニック

ここでは会話上手になるための
具体的な方法を考えてみたい。
大樹が枝を伸ばすために深く根を張るのと同様、
多様な話術を身につけるには、
基本的な話法を学ぶ必要がある。

基礎をおろそかにしたまま
華やかな会話のテクニックだけを覚えても、
すぐに底が割れてしまうものだ。

43

話術

正攻法で戦い、奇策で勝つ

およそ戦いは、正を以て合い、奇を以て勝つ。

孫子

孫子（BC545―470年）。中国春秋時代の兵法家。東アジア最高の兵法書『孫子』を著した。理論はもちろん実戦にも長けており、呉の軍事責任者として多くの戦争を勝利へと導いた。『孫子』は兵法書にもかかわらず、政治や実生活にも役立つ格言まで広く盛り込まれている。

……………引用文出典：『孫子』

先の引用は、東アジア最高の兵法書『孫子』に書かれた兵法の一つである。打って出るよりも城を守ること、形勢が不利なときには全面戦争は避けること、物資を円滑に調達することなど、戦《いくさ》に際して守るべき基本原則があるが、これらの正攻法を無視すると、勝ち負け以前にそもそも戦争に臨むこともおぼつかない。

話術にも正攻法がある。考えてから話す、しゃべりすぎない、相手に配慮しながら話すなどだ。しかし、ほとんどの人がこれを守っていないのもまた現実だ。原則が守られていない場では、原則さえしっかり守っていれば、基本以上のことはできる。原則に従い、自分の言語生活を振り返ってみよう。

奇策に対抗するときも正攻法が有効だ。相手が原則を破って、予想外の言葉を投げつけてきたときは、それに巻き込まれず、原則でもって対応したほうがいい。つまらない言葉で挑発されたときも同様だ。淡々と応対しよう。

戦争は生死と勝敗がはっきりしており、正攻法と合わせて奇策や妙手を自在に活用すべきだが、会話というのは特に勝ち負けが分かれるものではない。だから、あえて奇策に頼る必要もない。

もちろん会話でも正攻法がすべてではない。孫子も「奇策で勝つ」と言っている。しかし、奇策を自在に使うことは、一朝一夕でできることではない。まずは原則をしっかり身につけてこそ、臨機応変に対応することもできる。奇策を思いつくのも気持ちに余裕があってこそ。まずは原則を守ることで余裕を確保しよう。

44

話術

会話では「中庸」を心がけよう

喜怒哀楽のどの感情も起きていない状態を「中」と言う。感情が起きてもそれが節度を保っていれば、これを「和」と言う。

―― 子思

子思（BC492―431年）。中国春秋時代の哲学者。孔子の孫で、孔子の哲学を継承・発展させ、『中庸』を著した。魯の第30代君主穆公《ぼくこう》の師として政治にも関わった。孟子も子思の弟子筋にあたると推定される。

引用文出典：『中庸』

儒教の目指すところは「中庸」だ。「中」と「和」を合わせて中和と言うが、中庸と同義語と見てかまわない。中庸とは感情を「節度を保ちつつ」表すこと、すなわち怒るべきときに怒り、悲しむべきときに悲しむことを言う。

感情をむやみに抑えつけて耐えるのは下策であり、ときと場合に合わせて適切に表現するのが本物の中庸である。

第1章で見た通り、まずは感情を適切にマネジメントすることが大切だが、それは決して感情を抑えつけよという意味ではない。感情のマネジメントとは、感情を内と外に向けて解き放つことだ。内に向けて感情を解き放つことが瞑想と悟りであるとすれば、そのような感情を外に向けて表現することが中庸である。

これを言葉に当てはめると、「中庸的な話し方」となる。それは吐き捨てるように話したり、あるいは言いたいことがあっても飲み込んでしまったりする習慣を捨てて、ときと場合に応じた適切な言葉で自分の感情を表現することだ。

腹の立つ状況ではないのに怒りが込み上げるなら、それは自身の問題だが、本当に腹の立つことが続く場合は、ただ怒りを抑えてばかりはいられない。そんなときは、自分が怒っているということを、それとなく相手に知らせたほうがいい。それが自分の精神衛生と相手との関係の持続のためにもなる。

もちろん怒りを過度に表したり、極度に抑え込むのもよくない。感じた分だけ表現し、常識的にいって怒っても無理のない状況だということを、相手にわからせるのが賢いやり方である。

これは怒りを表すときだけではない。両手を打って初めて音がするように、相手がいてこそ会話は成り立つものだ。悲しい話には悲しい反応を見せ、うれしい話には一緒に喜ぶことが、人間関係と会話の基本姿勢だ。何を言っても手応えのない冷たい人と会話したい人など、この世のどこにもいないだろう。

45

話術

今日わからなければ、明日また教えたらいい

過ちをありのまま告げにくいなら、他のことにたとえて遠回しに言うがいい。今日わからなければ、明日また戒めよ。春風が凍土を融かし、暖気が氷を消すように、じっくり取り組むがいい。

――洪自誠《こうじせい》

洪自誠（?―?）。中国明代の思想家。詳細な経歴は伝えられていないが、官職に就かず、修養と勉強に専念したとされている。著書の『菜根譚』は、儒教、仏教、道教の精髄を融合した格言集である。

……………引用文出典：『菜根譚』

特別な場合を除けば、言葉づかいは常にソフトなほうがいい。特別な場合とは、たとえば公的な場で話すときだ。記者が質問するとき、政治家が討論するとき、市民が集会を開くときは、必ずしもソフトに語る必要はない。ときには強い表現で、はっきりと意志を伝えるほうが効果的である。

しかし、日常の場ではソフトな言葉づかいがベストだ。言いたいことははっきり言うにしても、その表現方法と言葉づかいは柔らかいほうがいい。言い方がきつかったり、ドライだったりしたら、良い印象を持たれるはずはない。

助言や忠告をしようとしているのに、そんなことになったら最悪だ。相手に良かれと思って苦言を呈しても、悪意にとられることもある。苦言というのは、相手が求めるときに言うべきであり、そうでなければ反感を買うだけだ。

向こうから求められない限り、忠告はなるべくしないほうがいい。相手の気分を害することに目的があるなら別だが、そうでないなら控えるべきだ。誰でもたいていは自分のどこに問題があるか気づいているものだ。だから、あなたがわざわざそれを教えてあげる必要はない。

助言を頼まれたとしても、気分を損なわないように言い方に気をつけよう。3月の春風が積もった雪を融かすように、繊細で柔らかい言葉づかいが必要なのだ。

46

話術

知っているふりをすることほど大きな無知はない

知らないのに知っているふりをすることこそ、最も非難されるべき無知ではなかろうか。

――ソクラテス

ソクラテス（Socrates, ＢＣ４６９―３９９年）。古代ギリシャ・アテネの哲学者。産婆術という独特な対話方法によって、当時の知識人たちの無知を暴いた。絶対的な真理と倫理に立脚した思想を展開し、弟子のプラトンらが彼の問いを「対話篇」として編集した。「悪法も法である」との有名な言葉を残したとされているが、事実ではない。

…………引用文出典：『ソクラテスの弁明』（プラトン著）

会話していて何か問題が起きたとき、その原因の多くは無知にある。

他人に対する無知、人間関係に対する無知、感情への無知、ときと場合に関する無知、言葉への無知、会話のテーマに対する無知……。

さらに知らないくせによく知っているという思い込みが加わると、問題はいっそう深刻になる。

何も知らない人は特に問題にならない。そういう人は自分が知らないという事実を知っていて、下手にしゃしゃり出たりしないから、謙虚になる。

問題は生半可な知識しかないのに、すべて理解していると慢心している人だ。問題を起こして人を傷つけるのは、たいていそんな人たちだ。

では、完璧な知識を身につけない限り、会話もできないのだろうか。そんなことはない。すべてを知っている人など、この世には存在しない。すべてを知らないと話ができないなら、誰も口を開けなくなるだろう。

本当に大切なことは、完全な知識などないことを認めて受け入れる謙虚さと、完全な知識を得るために努力を続ける姿勢だ。

意識的に謙虚になれというのではなく、謙虚になるしかないから、謙虚になるのだ。自分の無知を知れば、言葉づかいも自ずと謙虚になる。「命令」よりも「お願い」が、「批判」よりも「助言」が、「演説」よりも「傾聴」が、より謙虚な言葉だ。

自分の無知を悟るには、論理的に話す訓練が必要だ。無知はおおよそ論理のなさから生まれる。論理的に話す習慣を身につけると、話の途中でふと言葉に詰まることがある。「自分は今、よく知りもしないのに何を自信たっぷりに話しているのか」と反省するからだ。

ソクラテスの産婆術[*1]も、謙虚な態度と論理的思考がその中核にある。ソクラテスは「自分の無知を知る」謙虚さと論理的な会話によって、人々に自分の無知を気づかせたのである。

＊1　産婆術：ソクラテスが用いた問答法。問答を通じて相手の知識のあいまいさや矛盾を指摘し、無知の自覚を呼び起こすことによって、正しい認識を生み出すように導く過程を産婆の仕事にたとえて名づけたもの。

47

話術

同意することと、理解することは違う

それは正しい。そして誤りだ。

元暁《ウォンヒョ》

元暁(617—686年)。新羅時代の僧侶。彼の思想の中心は「一心」と「和諍《わじょう》」である。彼が書いた本は、新羅はもちろん中国でも広く読まれ、『大乗起信論疏』など、一部の本は現在まで残されている。韓国仏教の巨頭であり、哲学分野でも堂々たる思想家として評価される。

……引用文出典:『大乗起信論疏』

先に引用した元暁の言葉を解釈するにはまず、逆説について理解する必要がある。逆説は東アジアの仏教の特徴だが、「正しいが間違いだ」という言葉も逆説の一つだ。その他にも「同じだが違う」「そうだが、そうではない」という言い回しもある。このような逆説を文字通り解釈してはならない。逆説は詩的表現であり、事実の省略だ。

先の引用文を補足すると次のようになる。「それは（この部分は）正しい。そして（あの部分は）誤りだ」。正しい点もあるし、間違った点もあるという、まず常識的な話だ。

さらにはこのように変えてみたらどうか。「それは（理解できるという意味では）正しい。そして（同意できないという意味で）誤りだ」。つまり、あることを理解することと、それに同意することは違うという意味だ。ときには「理解する」と「同意する」が混同されるケースもあるが、両者は明らかに別の意味の言葉である。

理解とは相手の立場を考慮することだが、同意は相手の言い分をまるごと支持することだ。誰かがある主張をするとき、その主張に同意はしなくても、その人がその主張をするに至った背景や理由を理解することは十分可能だ。もちろん主張を理解すると同時に同意することもできる。

元暁はこのように理解と同意を区別し、仏教の世界で衝突するさまざまな理論を仲裁するために尽力した。すべての理論を理解しようと努めつつも、選別して同意する形をとったのだ。また、理論を正しいか誤っているかで二分するのではなく、各理論の正しい点は受け入れ、誤った部分は批判した。これが元暁の和諍思想[*1]だ。和諍思想は現代でも会話する際に応用できる。ふだん、同意と理解はまるで同じであるかのように思われていることが多い。そのため同意したら理解したことになるし、同意できないことは理解もしようとしない。

しかし、このような二分法的な態度よりも、同意と理解を区別するほうが望ましい。同意するかどうかは別としても、なるべく相手の立場を理解しようとする姿勢がもっと必要なのではないだろうか。

たとえ人の意見に「同意」しなくとも、その人がどのような条件や背景からその意見に至ったのかを考えてみれば、その人なりに妥当な理由があることが「理解」できるようになる。そうすれば、意見が違うからといって、その人を憎んだり衝突したりといったことも避けられる。そして、より柔軟でオープンな議論が可能になる。

その結果、正しい／誤りというすっきりした二分法から抜け出し、「7割は誤りだが、3割は正しい」「8割ほどは間違っているが、それでも2割ほどは耳を傾ける価値はある」のように、立体的な判断を下せるようになるだろう。

＊1　和諍思想：和諍とは争いを理をもって治めるという意味で、仏教の各宗派をより高い次元で統一した元暁の思想体系。

48

話術

主導権を握りたければ、司会者になろう

会話で主導権を握るための最も確実な方法は、相手に話す機会を与えておいて、話の流れをコントロールし、話題を変えていく役目を担うことだ。そうすれば、あなたが会話をリードできるだろう。

――フランシス・ベーコン

フランシス・ベーコン（Francis Bacon, １５６１―１６２６年）。イギリスの哲学者、政治家。経験論を唱え、デカルトとともに西洋近代哲学の創始者として評価される。偶像を退け、帰納法などの科学的態度で学問を研究した。政治家として

も活躍した。

……………………………引用文出典：『ベーコン随想集』

テレビの討論番組を思い浮かべてみよう。発言する機会が多いために注目を浴びるのは討論の参加者だが、その場の主導権を握っているのは司会者である。司会者は討論のテーマを提示して、参加者たちに発言権を与える。発言が長すぎたりテーマからそれたりすると、話をさえぎることもある。参加者の主張を要約することもあれば、相互の見解の違いを調整するために自分の意見を述べたりもする。

司会者は参加者に比べて発言量は少ないが、その重みは決して小さくはない。

日常生活でも、二人以上が集まると自然と司会者が生まれる。もちろん、討論のように役割分担がはっきり決められているわけではないが、なんとなくそのうちの一人が司会者役となる。あるいは、グループのうち何人かが交代で司会者役を務めながら会話が進んでいくのが一般的だ。

司会者は自分が発言するよりも聞き役に回り、適切に質問し、話を整理し、話題を切り替えていく。このような役割はあまり重要でなさそうに見えるが、実は司会者こそが会話をリードし、その発言も重みを持つ。さらに、司会者役は人から好感を持たれることも多い。

程度の差こそあれ、ほとんどの人は聞くよりも話すほうが好きだ。自分の思いを表現したいという欲求は、本能の一つである。そのため、相手の話したいという欲求を十分に満たしてあげると、その人はあなたに魅力を感じるわけだ。

だからといって、聞いてばかりではただの観客と同じになってしまう。傾聴するにしても、ときを見計らって質問を投げかける必要がある。相手の考えがまとまっておらず長々と話すようなら、何が言いたいのか心中を推測して整理してあげよう。

多くの人のいる場であれば、各自の発言時間を調節し、状況に応じて話題も変え、会話が退屈にならないようにリードすべきだ。また、もし会話に入れない人がいたら、その人も参加できるよう助け船を出そう。

このように心がければ、あなたは大きく目立つことはないにしても、自然と人の気持ちをつかむことができるだろう。

49

戦略は使ってもいいが、嘘はつくな

中国・斉の君主の門客に画家がいた。

君主が尋ねた。「何を描くときが最も難しいか？」

画家が答えた。「犬と馬でございます。」

君主が再び尋ねた。「最も簡単なのは？」

画家が答えた。「幽霊が最も簡単でございます。

犬と馬は誰もがよく知っており、朝晩を問わず見えるものですが、まったく同じに描くことはできませぬゆえ、難しゅうございます。幽霊は形がなく目に見えないため、簡単でございます。」

――韓非子

韓非子（BC280―233年）。中国戦国時代の哲学者。荀子と老子の思想を再解釈して、法治と帝王学を強調した。秦の始皇帝から大いに信任を得た。悲劇的な最期を迎えたが、その思想は秦の国家哲学に反映された。

引用文出典：『韓非子』

普通に考えると、犬や馬を描くより幽霊を描くほうが難しそうに思える。見たこともないのだから。しかし、画家は犬や馬のほうが難しく、幽霊のほうが簡単だと言う。犬や馬の絵は正解があるので画家としては重荷になるが、幽霊は誰も正解を知らないため自由に描けるからだ。

昔の中国では、現代と違って絵は芸術扱いされなかった。模写がうまいことが最高とされた。ならば、犬や馬よりも幽霊を描くほうが難しいと言いそうなものだ。ところが画家は、幽霊を描くほうが楽だと答えた。誰も正解を知らないからだ。

画家が幽霊よりも犬や馬を描くことに精魂を傾けるのは、絵そのものの難しさよりも、人間の心理に気をつかうためだ。それは画家として望ましい姿勢とは言えないかもしれないが、画家が適当に描いた幽霊の絵を、でたらめだと言うこともできない。こうした画家の態度は、嘘ではなく戦略だといえる。

この話を書物に書き残した韓非子は、統治者は戦力的に語り行動するのはいいとしても、嘘をついてはならないと主張する。嘘は戦略の一種のように見えるが、統治者が頻繁に嘘をついていれば、そのいくつかはいずれ嘘だとばれるものだ。

するど、民はもはや統治者を信じなくなり、法を厳格に執行することができなくなる。統治者と法への信頼度が低くなると、いずれ国家までが崩壊する。

話術も同じである。韓非子が考える統治者のように、また、この話の画家のように行うべきだ。戦略を使うのはいいが、嘘はいけない。

自分の意志を貫くために、人に見せられるものだけを見せて、利益にならないものはあえて隠すというのは、悪い姿勢ではない。くそ真面目に自分のすべてをありのままさらけ出すよりも、戦略と奇策をうまく使い分ける賢い話術を目指そう。

しかし、嘘と良い戦略は違う。嘘は嘘を生み、嘘をつく自分も胸を張れず、不安になる。また、嘘がばれた場合はすべての信頼を失う。賢明な人なら、このように不安でリスクの高い嘘を戦略として活用したりはしないだろう。

第8章

自由

実践する言葉、捨てるべき言葉

有名企業の製品を選ぶのは、

その「ネームバリュー」と「アフターサービス」のためだ。

言葉にもネームバリューとアフターサービスがある。

同じことを言っても、信頼性のある人の言葉を信じるものだ。

また、いくら言葉巧みに人を説得しようとしても、

その言葉に責任を取らなければ、

その人の話は信用されなくなるだろう。

製品販売後はアフターサービスが重要なのと同様、

言葉を発した後は実行が重要だ。

ところで、言葉を守る一方、言葉を捨てることも必要である。
ときには言葉が人生を台なしにすることもあるからだ。
さらに高いところを目指すには、
そうした言葉は思い切って捨てるほうがいい。
つまり、私たちは守るべき言葉と、
捨てるべき言葉を区別しなければならない。
守るべき言葉は守り、捨てるべき言葉は捨てよう。
言葉を守ることで言葉の拘束から抜け出すことができ、
また、言葉を捨てることで言葉から自由になることができる。
これが言葉に対する人文学的な姿勢だ。
言葉の勉強とは、言葉自体のためではなく、
結局は言葉の向こうの自分のためのものだ。

50

自由

言葉の3つの法則

言葉には3つの法則がある。考察すること、根拠があること、実践することだ。

墨子《ぼくし》

墨子（BC479―381年）。中国戦国時代の哲学者。諸子百家の一つ、墨家の始祖である。「兼愛（平等な愛）」を主張して被支配階級を代弁し、天意に奉ずるなど宗教色も濃かった。キリスト教思想と重なる部分も多く、中国の思想家・梁《りょう》啓超《けいちょう》は墨子を「小さなイエス」と呼び、韓国の文益煥《ムンイッカン》牧師は「墨子とイエスは双子」だと述べた。

引用文出典：『墨子』

話をするときには、次の3つを念頭に置くべきだ。まずは考察する。つまり深く考えてから話すこと。考えなしに吐き出した言葉は、相手だけでなく自分も傷つける。次に、根拠が必要だ。考察は事実に基づいてこそ意味を持つからだ。最後に、言葉には実践が伴わなければならない。

正義を実践していない人が、正義について美辞麗句を並べながら筋の通った演説をしても、ますます滑稽《こっけい》に見えるだけだ。言葉は実践によって完成される。一時の出会いであればともかく、長く続く関係なら実践することが重要になる。

人は自分の過ちには甘いが、他人の過ちには厳しい。あなたが何気なく言ったことでも、それを守らないでいると、相手はすぐにそれに気づくものだ。10言ったうちの7つ守れば、あなたは自分を信頼に足る人間だと考えるが、相手はあなたが守らなかった3つに注目し、信頼できない人間だと判断するだろう。

それほど言葉とは恐いものだ。もっともらしい話をいい気になって振りまけば、いつかは蒔いた種を刈り取らなければならなくなる。

51

自由

グラスの形は忘れても、ワインの味は忘れない

街角や市場で友に会ったなら、
あなたの魂をもって唇と舌を動かしなさい。
あなたの内なる声を友の耳に届けなさい。
そうすれば、友の魂はあなたの心の真実を
永遠に刻みつけるでしょう。
まるでワインの色があせて、グラスの形を忘れても、
ワインの味はいつまでも記憶に残るように。

――ハリール・ジブラーン

ハリール・ジブラーン（Kahlil Gibran、１８８３―１９３１年）。レバノンの作家。世界各国を巡りながら、宗教、哲学、文学、美術などさまざまな分野にわたり教養を深めた。主に宗教的・神秘主義的な色彩の強い作品を多く残し、彼の名をとった「ジブラニズム（Gibranism）」という用語が生まれるほどの人気を博した。

……………………………………………引用文出典：『預言者』

会話とは、言葉を分かち合う以上に、心と心を分かち合うことだ。

言葉は道具にすぎない。言葉も大切だが、語り手の心のほうがずっと重要である。だからこそ、心にもないことを口にしてはならない。

あなたの魂をもって唇と舌を動かさなければならない。漫然と陳腐な話をしゃべるのではなく、心の奥底から汲み上げた真実の言葉を話すことだ。その真実の言葉を「内なる声」と呼ぶ。

あなたが内なる声で語れば、相手も内なる耳を傾けてくれるだろう。お互いの母語が違うために意思疎通が難しくても、友達や恋人になることは可能だが、それは内なる声のおかげだ。

ジブラーンはこのことをワインにたとえた。重要なのはワインの色とグラスではない。それは目を閉じると消えてしまうものだ。しかし味はそうではない。唇と喉を伝っていったワインは、体のすみずみにまで深く染み込む。同様に、魂から汲み上げた内なる声は、口下手であっても、使う言語が違っていても、相手の心の底へと届くのだ。

もちろん、その言葉に責任を取らず実践が伴わなければ、内なる声も虚しく響く。面と向かって心から語り、その言葉に責任を持つ背中を見せるとき、あなたの言葉は信頼されるだろう。

52

自由

自ら使命を見出す
自由人になろう

「創造的な使命」に身を捧げる者には、
一人の探検家になる権利がある。
毎朝、日の出とともに、彼は地図のない広大な大地に
向かって、新しい一歩を踏み出す。
旅立ちは自由の本質であり、偉大な宣言でもある。

――ウォーレ・ショインカ

ウォーレ・ショインカ（Wole Soyinka, 1934―）。ナイジェリアの詩人・劇作家。
ナイジェリア内戦時に政権を批判したために投獄され、死刑宣告を受けるな

ど、多くの受難を経た。アフリカ人で初のノーベル文学賞を受賞し、政権交代後は政界でも活動した。

…引用文出典：2017年「第1回アジア文学フェスティバル」に収録された講演文

人間の歴史の中で、「自由」の二文字ほど人の心をわくわくさせた言葉もないだろう。

古今東西を問わず、無数の思想家と詩人が自由を探し求め、渇望してきた。仏教の「解脱」や、キリスト教の「救い」も自由の別名だ。韓国の独立運動や民主化運動の中で倒れた人々もまた、究極的には自由のために闘ったのだといえる。

ショインカは自由人を「創造的な使命に身を捧げる探検家」と定義づける。探検家は、他の人々が進む道、決められた道を行くことを拒み、新たな道を切り開く。それと同様に、自由人とはあらかじめ定められた使命に身を捧げるのではなく、自ら使命を見出す人のことだ。

その使命は、社会や他人から強要されたことではなく、完全に自己の意志によって決められたものである。自由人はその使命に向かって愚直に突き進む。外部や他人によって定められた価値や命令への服従を拒む。彼にとって自由とは、制約や目的のない気ままな状態とは違うものだ。

人間は常に何かを目指して生きるものだ。だから、何かに身を捧げることなく、目的も持たずに生きることは事実上不可能である。もしそのような状態に置かれたら、人生はカオスそのものと言えるだろう。

このように明確な目標のない人生は、外部に振り回されるものだ。ただ一つのことに向かって突き進むとき、何かに束縛されることもなくなる。ただし、その目標は自分の外側にあるものではなく、自分自身でつくらなければならないことを覚えておこう。

信頼を失いたくないからという理由で、自分の言ったことを仕方なく守る人は、自由人とは言えない。自由人には言葉と責任の区別はない。本物の自分の意志だからそれを語り、実践するのだ。音楽好きな人が嫌々音楽を聴かないのと同じだ。

自由人は自分の内面から語り、当たり前のようにそれを実践する。「だけど」やるのではなく、「だから」やるのだ。言いたいことを言い、守りたい言葉を守る。それが自由だ。また、そこから自然と喜びが生まれるのである。

53

自由

登り切ったら、はしごを蹴倒せ

私を理解する人、私の命題を踏みしめて登った人は、結局、私の命題が無意味なものであることに気づく。言ってみれば、はしごを登り切ったなら、そのはしごを投げ棄てねばならないのだ。

――ルートヴィヒ・ウィトゲンシュタイン

ルートヴィヒ・ウィトゲンシュタイン（Ludwig Wittgenstein, 1889―1951年）。オーストリアの哲学者。初期は言語を厳格な論理形式によって構築しようと試み、後期には生活形式に伴う日常言語に注目した。アラン・バディウは「ウィトゲンシュタイン後の哲学は、もはや言語の問題を看過できなくなった」と語った。イギリスのケンブリッジ大学教授を務め、『論理哲学論考』『哲学探究』などの著作を残した。

引用文出典：『論理哲学論考』

ウィトゲンシュタインは言語と論理を探求した学者である。「論理は有用だが、その限界もまた明らかだ」というのが彼の結論だ。これを示したのが、「語りえぬものについては、沈黙せねばならない」という有名な一節。

もちろんこの言葉の意味は、「知らないことを偉そうに知ったかぶりするな」という忠告ではない。言葉が届かない領域、言葉では決して説明できないものたちに対する、畏敬の念を表したものだ。

言葉とは、言葉が有効な範囲の内側でのみ有効だからだ。その限界を超えて無理に言葉で名づけをし、解釈しようとするなら、言語の機能は虚しく崩れ落ちるだろう。そのため、ウィトゲンシュタインが成し遂げたことを完全に理解した者は、逆説的にそれが無意味なものであることを認識することになる。

なぜなら彼の哲学は「はしご」だからだ。はしごは登るときには必要だが、登ってしまえば不要になる。上に登るのに役立ったはしごが、いくらありがたいとしても、はしごを頭にのせて暮らすわけにはいかない。

「ひと言で千両の借りを返す」ということわざもあれば、ひと言が一生の傷を与えることもある。言葉はあなたと相手を、そしてあなたと世界をつなぎとめる橋だ。

しかし、世の中には明らかに言葉が届かない場所がある。そういう場合に強いて何か口にすれば、むしろ人間関係を悪化させるかもしれない。そんなときには、はしごを蹴倒すように、思い切って言葉を捨てるべきだ。

古典や権威ある人の格言は、あなたの人生を支え、後押ししてくれるが、それによって矛盾に陥ることもある。「現状に満足してはならない」という言葉は現在の幸福を奪い、「満足すべきだ」という言葉は未来への可能性をさえぎる。

このように言葉は完璧ではない。言葉ではとても言い表せないほどの感情があふれ出てきたなら、いっそ沈黙したほうがいい。

言葉でとうてい説明できなかったり、反対に言葉があなたの人生に害を及ぼしたりするようなら、そのときは言葉を捨てよう。言葉では表現できないことを無理に表現しようとしたり、言葉では解決できないことを何とか言葉で解決しようとしたりすれば、また別の難問が生まれるだろう。いつでも言葉を捨てることができるという覚悟があってこそ、初めて言葉から自由になれる。

54

自由

約束は絶対に守らなければならないわけではない

約束とは、それが道理にかなうことなら、言った通りに行うべきだ。

有若《ゆうじゃく》

有若（BC518―458年）。中国春秋時代の学者。孔子が深く信頼する弟子であり、孔子の死後は彼を後任の師に担ごうとする動きがあったほど、弟子たちの間で強い影響力を持っていたと見られる。いくつかのエピソードがあるだけで、著書は伝わっていない。

……………………引用文出典：『論語』

口にしたことは実行すべきである。しかしこれは原則にすぎず、絶対的なものではない。

約束であっても破らなければならないときもある。たとえば結婚の日取りを決めたはいいが、相手に大きな問題があることに気づいたり、関係を続けられないほどの深刻な対立が生じたりしたときは、結婚を取りやめたほうがいい。

相手に申し訳ないし、周囲の目も気になるだろうが仕方がない。約束と面子も大切だが、それ以上に大切なのは自分の人生だ。約束は軽々しくすべきではないが、それでもやむをえないときは、すっぱりと撤回することも必要である。

有若は孔子の弟子だった。言行一致と信頼を重んじるのが孔子の学風だが、約束は絶対に守るべきだとは考えなかった。約束を守るかどうかの基準は、「正しさ」にある。一般的には約束を守るべきだが、理に反する約束は守らないほうがむしろ正しいと見なしたのだ。

ただし、理に反する約束を守らないことと嘘をつくこととは、区別しなければならない。嘘は最初から欺瞞である。したがって、約束は守れないこともあり得るが、嘘は最初からつかないのが正しい。約束を破った場合、信頼度が落ちる程度ですむが、嘘がばれると人間関係を損なってしまう。

55

自由

言葉づかいと話の中身は一致しない

「はい」という返事と、「うん」という返事のどこが違うのか。

老子

引用文出典：『老子』

老子は礼儀作法を毛嫌いした。お互いに愛し合い優しく接すればいいことで、関係が近いか遠いか、身分が高いか低いかによって言い方を変える必要はないと考えた。たしかに、子どもが親に対して馴れ馴れしい口調で話し、会社の上司には敬語を使ったからといって、親よりも上司を大切にしているとはいえない。

話の中身と形式は、必ずしも一致しているわけではない。話し下手でも価値のある話を真剣に語る人もいれば、言葉巧みでもその中身は空っぽという人もいる。

しかし、普通は中身と形を同じに見なすことが多い。言葉づかいが丁寧だと、話し手の内面も礼儀正しいと考えるし、口下手だと話の中身も貧弱だろうと思い込む。

老子はこう問いかける。「はい」と「うん」という返事のどこが違うのか。言葉の形式や礼儀にこだわると、お互いに気分を害したり、腹が立ったりすることが多くなる。たとえば、礼儀作法にうるさい人は相手のちょっとした「無礼」な言動が気に障って勝手に傷つき、相手に対しても礼儀を無理強いして傷つけたりする。

もちろん、言葉づかいや礼儀作法の影響は無視できない。形式と中身が一致すると信じる人が多ければ、言葉づかいに気をつかうほうが世渡りに都合がいいだろう。だが、中身と形式は必ずしも一致しないという事実も頭に入れておくべきだ。だから、こう考えてみたらどうだろうか。

自分が話すときには礼儀作法に気をつけよう。そうすれば相手はあなたの話に耳を傾けてくれるはずだ。一方、相手の話を聞くときは、礼儀作法はひとまず棚上げにしておこう。そうすれば、言葉づかいにこだわって相手の気分を損なうことはないし、あなたも相手の口調のせいで傷つくことは減るはずだ。

56

自由

瞑想は沈黙、沈黙は瞑想

王が導師のもとを訪れて尋ねた。

「どうしたら神と一つになれるのか、手っ取り早い方法を教えてくれまいか。わしは忙しい身なので手短に頼む。」

導師は答えた。

「では、文章ではなく、単語一つでお答えしましょう。」

「どういう単語だ？」「沈黙！」

「どうすれば沈黙を得られるのだ？」「瞑想！」

王は再び尋ねた。

「瞑想とは何だ？」「沈黙！」

「沈黙を得るにはどうすればよいのだ？」「瞑想！」「瞑想とは何だ？」「沈黙！」

アントニー・デ・メロ

アントニー・デ・メロ（Anthony de Mello，1931—87年）。インドに生まれ、カトリック・イエズス会の神父となる。西洋のカトリック信仰と東洋のインド思想を組み合わせ、ひたすら現世利益のために祈る信仰を批判し、信仰的な省察と瞑想を強調した。李賢周《イヒョンジュ》牧師らによって韓国でも多くの著作が翻訳されている。

……引用文出典：『Walking on Water』

言葉の勉強もそろそろ終わりに近づいたようだ。

アントニー・デ・メロ師が紹介した逸話によると、神と出会う方法は沈黙だ。そして沈黙するための方法は瞑想であり、瞑想するにはやはり沈黙する必要がある。瞑想とは沈黙であり、沈黙とは瞑想のことである。

アントニーの言う「沈黙」とは、単に話をしない状態を指すのではない。沈黙とは口をつぐむことだが、これは心の内側も含む。表に向かって口を開かないのはもちろん、絶えずしゃべり続けている自分の内面の言葉も止めるのだ。だから、沈黙することは瞑想することになる。

内面の言葉を止めるとは、先入観と偏見にまみれた自分の判断を停止することだ。アントニーはこう付け加える。「自分が考える神と本物の神とは、何の関係もない」。自分勝手に色づけした「神」の観念を消し去ったとき、初めて本物の神と出会えるという意味だ。

人に会うときも同じである。その人に対する先入観や偏見を捨てなければならない。自分勝手に色づけしたその人に対するイメージを消したとき、初めてその人と出会うことができる。真の出会いとは、このように深いレベルでなされるものなのかもしれない。

アントニーの助言は、これまで語ってきた言葉の勉強とはやや矛盾する。最終的に沈黙することが正しいとしても、私たちが生きる現実の社会では、知識を積み重ね、自分の目で見て判断し、それを言葉で表現しなければならないからだ。結局、答えはバランスをどうとるかということだろう。

せっせと知識を蓄え、ものを見る目を育てよう。そして、状況に合わせて美しい言葉で表現しよう。しかし、ときには沈黙も必要だ。他人に対する知識と判断をリセットするのだ。知識を一つずつ積み上げていくことも大事だが、それを一つずつ空にしていくことも重要だ。そうしてこそ再スタートできる。

リセットすると言っても、どのみち完璧にはできない。ただ、努力してこそ先入観を減らすことができる。だから沈黙を後退と思って避ける必要はない。むしろ従来の知識と認識をリセットして沈黙することで、あなたの言葉は簡潔になると同時に、深みを増すことだろう。

実践

賢者たちから言葉の力を学ぶ

歴史に残る会話の中から、
私たちに知恵を授けてくれるものをいくつか紹介しよう。
短い会話にも、話し手の人となりと思想が表れているのは興味深い。
これらの会話を通じて、
自分の考えをどうやって言葉にすればいいのか、
知恵を絞ってみてはいかがだろうか。

彼らにこのような知恵にあふれた会話ができるようになったのは、
その生まれ持った人柄と才能のおかげでもあるが、
それ以上に多くの努力を積んだ結果だということを覚えておこう。
そのことを頭に入れて読んでほしい。

01

実践

ブッダ（釈迦）

臨終を前にしたブッダが、弟子アーナンダを呼んで遺言を残した。

「アーナンダよ、鍛冶屋の息子チュンダが、こんなふうに自らを責めるかもしれない。『私が差し上げた食事を召し上がってブッダが亡くなったのだから、これはすべて私の過ちだ。』しかし、アーナンダよ、チュンダにこう言って罪の意識を取り除いてやりなさい。『チュンダよ、ブッダはあなたの供物のせいで亡くなったのではない。世を去る前に、最後にあなたのおかげで食事を召し上がることができたのです。だから、あなたは罪を犯したのではなく、最大の功徳を施したのです。これは私がブッダから直接聞いた言葉です。』こうしてチュンダの罪の意識を消してやらねばならない。」

――『大般涅槃経《だいはつねはんぎょう》』より

供養とは、修行者に飲食を提供することだ。仏教では、「供養」を功徳を積む大切な行いと見る。特に、ブッダのように悟りを開いた者に、飲食を捧げることによる功徳は非常に大きい。

そのためブッダを尊敬していたチュンダも、できる限りブッダとその弟子たちに食事を提供した。ところが、インドは暑い国なので食物が傷みやすい。

ある日、チュンダはブッダにキノコ料理を振る舞ったが、それが傷んでしまっていた。供養を受けたら、師であるブッダがまず味を見て、それから弟子たちが食べるのがしきたりだった。

料理が傷んでいることに気づいたブッダは、残った料理を土に埋めさせた。しかし、傷んだ料理を食べたブッダは腹を壊したために急激に体が弱り、まもなく死を迎えることになる。

自分の料理のせいで尊敬するブッダが亡くなったと知れば、チュンダは言葉にならないほどの心の傷と罪の意識にさいなまれることになろう。ブッダはこれを心配して、入滅の直前に弟子のアーナンダを呼び、遺言を残した。チュンダの料理のせいではなく、自分は老いて死期を迎えたにすぎない。チュンダはそんな自分に最後の供養をしてくれたのだから、最も大きな功徳を積んだのだ。怨むどころか心配をしたのである。

　ブッダの配慮の言葉は、単に「大丈夫だ」という慰めを超えた感動を聞く者に与える。ブッダはチュンダの罪悪感を打ち消すために、逆の発想をする。傷んだキノコ料理をチュンダの過ちではなく、反対に功徳として称えたのだ。

　ブッダの遺言を伝え聞いたチュンダが、どんな反応を示したのかは記録にないが、その心情は容易に想像できるだろう。

　聖人や偉人の言葉には響くものがある。聞く者の心を動かすのは、洗練された話術のせいではない。感動は言葉ではなく、その人の生きざまから生まれるものだ。だから同じ言葉でも、誰が語るかによって価値が違ってくる。小人のひと言と聖人のひと言では、天と地ほどの違いがある。

　自分を磨くことが、言葉の勉強の第一歩である理由だ。

02

実践

孔子

孟懿子《もういし》が孝行について尋ねると、先生はこう答えた。

「背かぬようにすることです。」

孟武伯《もうぶはく》が孝行について尋ねると、先生は言われた。

「父母はひたすら子どもの病気のことだけを心配するものです。」

子游《しゆう》が孝行について尋ねると、先生はこう言った。

「今どきの孝行は親をただ養うことを言うようだが、尊敬の気持ちがなければ、犬や馬を養うのとどこが違おうか。」

――『論語』より

孝行について聞かれて、孔子はそれぞれ違う答えをした。孟懿子は魯国の家老として権勢を誇っていたが、魯を衰退させた張本人だった。だから孔子は「背いてはならない」と、それとなく批判したのだ。親を前にしたときは礼に背いてはならないのと同じく、国を治め民と接するときも、礼（道理）に背いてはならないと遠回しに伝えたのである。

孟武伯は孟懿子の息子である。親が有力者のせいか、傍若無人に振る舞い、酒と女と博打に溺れていたようだ。孔子は孝行の定義を言う代わりに、親を大切に思う心を呼び覚ますよう語り聞かせる。子どもの健康を気づかう親心を知らせることで、少しでも親の気持ちを理解させようとしたのだ。

孔子の弟子の子游は、親が暮らしに困らないように助けはしたが、親への思いやりが足りなかった。そこで孔子は、家畜にだって餌を与えて養うものなのに、親を食べさせることがそんなに偉いことなのかと戒めた。

このように孔子は、質問する人の立場やレベルによって、異なる答え方をした。実に柔軟である。誰から聞かれても同じ答え方しかしない人なら、自分の悩みや問題を、心から打ち明けて助言を求めようとは思わないだろう。もし孔子が孝行について深く考えたことがなければ、型にはまった単純な答え方しかできなかったことだろう。だから柔軟で多彩な会話をするためには、深い知識と思考が必要なのだ。

03

実践

韓非子

鴟夷子皮《しいしひ》〔越の忠臣・范蠡《はんれい》の別名とされる〕は斉国の豪族・田成子《でんせいし》に仕えていた。田成子が斉を逃げ出して燕国に行こうとした際、鴟夷子皮は関所の通行手形を持って従った。望《ぼう》という村の入口で、鴟夷子皮が言った。

「涸《か》れ沢の蛇という話を聞いたことはありますか。沢の水が涸れて蛇たちが引っ越そうとしました。小さい蛇が大きい蛇にこう言いました。『あなたが先に進んで私が後から行けば、人間はただ蛇が通り過ぎて行くと思って、きっとあなたを殺すでしょう。ですが、あなたが私を背中におぶって行けば、人間たちはきっと私のことを神の化身だと思うでしょう。』そこで大きな蛇は小さな蛇をおぶって、大きな道を渡っていきました。すると、人間たちは道を空けて『神さまだ』と言って敬服したそうです。今、あなたは御立派な格好をしており、私はみすぼらしい身なりをしています。私があなたにお仕えしたなら、人はあなたを小国の君子だと考えることでしょう。ですが、私があなたを使いの者として扱えば、私は大国の君子だと見られることでしょう。ですから、あなたが私の使いを装うのがいいでしょう。」

そういうわけで、田成子は通行手形を持って鴟夷子皮に付き従った。旅宿に着くと、はたして宿の主人は二人を丁重にもてなし、酒や肉を振る舞った。

『韓非子』より

鴟夷子皮の機知はなかなかのものだ。自分たちが置かれた状況を寓話にたとえた。大きな蛇が先を歩き、小さな蛇が付き従う姿は当たり前のことなので、人間はただの蛇が通って行くと思って蛇を殺そうとするだろう。ところが、大きな蛇が小さな蛇をおぶっていけば、人はこれを神の証拠だと考えるだろう。

同様に、立派な身なりをしている人がみすぼらしい人に仕えていれば、人はみすぼらしい人が立派な身なりの人よりも身分が高いのだろうと考え、その二人を実際の身なり以上に丁重にもてなすことだろう。

常識から外れていると、人はいぶかしく思うものだ。常識的な場面であれば、人は従来の慣習通りに振る舞うが、常識が破られると、疑問を抱いて考え始める。

言葉もそうだ。常識を超えた言葉に人の関心は注がれるものだ。しかし、そこには危険も伴う。相手によっては逆効果をもたらすこともあるからだ。

この話で注目すべき人物は、何と言っても奇抜な発想をした鴟夷子皮だろう。常識を破るとは、常識を超えることであって、常識以下のレベルであってはならない。幸い、鴟夷子皮の言葉は常識を超えるものだったため、その効果を発揮したのだ。

ところで、鴟夷子皮の言葉を受け入れた田成子もただならぬ人物であることを忘れてはならない。鴟夷子皮がいくら独創的な方法を思いついたとしても、田成子が受け入れなければどうしようもなかっただろう。

自分から常識を覆す奇抜な発想ができないなら、せめて他人の「非常識な」言葉を柔軟に理解して、受け入れる心構えは備えておくべきだ。田成子はそのおかげで利益を得られたのである。

04

実践

イエス・キリスト

律法学者たちやファリサイ派の人々が、姦淫の現場で捕らえられた女を連れて来て真ん中に立たせ、イエスに言った。「先生、この女は姦淫をしているときに捕まりました。こういう女は石で打ち殺せと、モーセは律法の中で命じています。ところで、あなたはどうお考えになりますか。」イエスを試して、訴える口実を得るためにこう言ったのだ。イエスはかがみ込み、指で地面に何か書いておられた。しかし、彼らがしつこく問い続けるので、イエスは身を起こして言われた。「あなたがたの中で罪を犯したことのない者が、まず、この女を石で打ちなさい。」そしてまた、身をかがめて地面に書き続けられた。これを聞いた者は、年長者から始まって、一人また一人と立ち去って行き、イエス一人と、真ん中にいた女が残った。

──『新約聖書』「ヨハネによる福音書」8章（聖書協会共同訳）より

イエス・キリスト（Jesus Christ, BC4―30年）。キリスト教の教祖。パレスチナでユダヤ人の大工の息子として生まれた。絶対的な愛と平等、新しい信仰を唱えた。メシア（救世主）と呼ばれたが、既存の宗教指導者たちの計略により十字架にはりつけにされた。死後に復活したと聖書に伝えられる。

姦淫した者は石で打てというモーセの十戒に従うと、イエスは汝の敵を愛せという自分の言葉と信念に背くことになる。また、自分の信念を貫いて、石で打ってはならないと主張すると、相手に告発の口実を与えてしまう。「打て」、あるいは「打ってはならぬ」のうち一つを選ばなければならないのに、どちらも選べないという困難な状況に直面した。

このときイエスは、どちらも選ばないという「選択」をする。相手から二つの選択肢を提示されたからといって、必ずそのどちらかを選択しなければならないわけではない。イエスのようにどちらも選べないような状況に置かれたときは、どうすればいいいか。

一つ目は選択肢そのものを無視することだ。ファリサイ派の質問にイエスが答える義務はない。つまり、質問自体を無視して彼らの卑劣な腹の内を暴き、それを批判すればいい。

二つ目は選択肢を破壊することだ。他の選択肢をつくったり、既存の選択肢をまとめて新しいものをつくり出したりするというやり方だ。相手が組んだ陣形から脱出したり、脱出が無理なら、その陣形を乱すのだ。つまり内側から破壊するわけだ。

イエスは後者のやり方を選んだ。「石で打て」と、「石で打ってはならぬ」という二つの選択肢をまとめて、「罪のない者は石で打て」とした。「石で打て」とは言ったが、そこに前提条件を加えて、結局は石で打てなくさせたのだ。そのため、イエスを告発する口実を狙っていたファリサイ派の計画は、水の泡となってしまった。

イエスのように、他人の言葉に引きずられないことが重要だ。赤信号なのに一人が渡るとつられて渡ろうとする人がときどきいる。一歩踏み出す前に、自分の目で信号を確認すべきだろう。他人の言葉は傾聴すべきだが、そのまま従ってはならない。その意図を見抜いてから従っても遅くはない。

05
実践

崇山《スンサン》

ある女性の弟子が崇山和尚に尋ねた。「お坊さま、韓国仏教に女性禅師はいますか?」「いない、いない。いないに決まってる!」崇山は即座に答えた。弟子はその言葉に大きなショックを受け、腹を立てた。日ごろ崇山は性別で差別をせず、弟子たちを平等に扱い、女性の弟子たちにも指導者の資格を認めていたからだ。「そんなお考えをお持ちとは、お話になりません!」弟子は再び崇山に尋ねた。「なぜですか?」崇山はニコッと微笑むと、弟子を見つめて言った。「女性は仏になれんからさ!」これまた信じがたいひと言だった。

冗談だろうと思って顔を上げると、崇山はすでに他の部屋に行ってしまっていた。弟子も後を追った。その部屋で崇山は何事もなかったかのように、忙しそうにしていた。弟子がさらに尋ねた。「お坊さまはいつも私どもに完全に自分の真我〔意識の最も深い内側にある個の根源。アートマン〕を信じよと教えてこられました。それなのになぜ今になって、女性は仏になれないとおっしゃるのですか？」すると崇山はくるっと向き直り、弟子を指さしながら尋ねた。「じゃあ、君は女かね？」その瞬間、弟子の顔に微笑みが広がった。

――『仏を撃て』より

崇山（1927―2004年）。韓国の僧侶。独立運動に加担して投獄された。アメリカをはじめとする海外で主に活動し、世界に韓国仏教を知らしめることに大いに寄与した。ダライ・ラマ、ティク・ナット・ハン、マハ・ゴサナンダとともに20世紀の四大生仏と仰がれた。

韓国人僧侶の崇山に、弟子のアメリカ人女性が「韓国仏教に女性禅師がいるか」と尋ねた。禅師とは悟りの境地に至った僧侶のことを指す。「いない」と断言したので、弟子は当然、当惑した。おそらく他の理由があるのではと思い、改めて質問したが、崇山から「女性は仏になれない」とダメ押しをされてしまう。

弟子はこの言葉に信じられない気持ちだった。日ごろの崇山は男女差別とはかけ離れた人物だったからだ。なのに、至極当然とでも言わんばかりの崇山の語調と振る舞いは本心からのようであり、弟子は和尚と韓国仏教に裏切られたようで怒りを感じる。また、悟りを開こうと弟子になったのに、今になって女性には不可能だなどと言われ、絶望したはずだ。このような複雑な感情を抱きながら、弟子は再び問う。なぜ女性は仏になれないのか？

崇山は仕事の手を休めて弟子に聞いた。「じゃあ、君は〝女〟なのか？」と。女性か男性か、女性はこうあるべきで、男性はこうあるべきだ、という決まりごとにこだわる限り、仏にはなれない。したがって、悟った人間に女性はいないというのは、女性は悟りを開けないという意味ではなく、悟りを開いた人には性別をはじめ、いかなる区別もこだわりもないという意味だったのだ。「禅師」はいても、「女性禅師」や「男性禅師」は存在しえないということを、女性は仏になれないと表現したのだ。

ところが、何度答えても弟子が理解できないので、逆に崇山はストレートに問い返した。自分は韓国人だと規定すれば韓国人であり、女性だと規定すれば女性だ。だが、このような殻を次々と脱ぎ捨てていけば、最後には「人」、または「自分」という存在だけが残る。

崇山が言ったことは、性差別の言葉ではない、深い平等の言葉だったのだ。師の言葉を理解した弟子は深く感動する。もし最初から崇山がわかりやすく説明してくれたら、弟子は頭だけの理解にとどまっていたかもしれない。

崇山は質問一つで弟子の心を開いた。このように質問には力がある。質問することで相手は自分を振り返り、考え始める。もちろん、そのためには深い質問をする必要がある。決して簡単ではないが、無理だといってあきらめる必要もない。

この会話で重要なのは、崇山の質問だけではない。会話のきっかけとなったのは、弟子の質問だからだ。弟子は引き下がらず、疑問が解決するまで何度も質問を続けた。もし弟子が最初の答えに失望して崇山のもとを去っていたら、この会話は生まれなかっただろう。

イエスは娘を亡くした両親から切々と頼み込まれて、奇跡で娘を生き返らせると、こう言った。「あなたがたの信仰が娘を蘇らせたのだ」。そう、娘を蘇生させたのはイエスであり、イエスを信じて託した両親でもあった。それと同様に、この会話で弟子の心を開いた質問は、崇山の質問であると同時に、弟子自身の質問でもある。

崇山のように、機知に富んだ質問ができなくてもいい。弟子のように疑問に思ったことを粘り強く質問し続けることさえできれば、それだけでも素晴らしいことだ。

06

実践

李奎報《イギュボ》

知人が私に言った。「昨晩、一人の荒くれ男が通りをうろうろしながら、太い棒で犬を殴り殺すのを見ました。犬が死んでいく姿があまりに哀れで、胸が痛くなりました。それ以来、私は犬肉はもちろん、豚肉も食べまいと誓いました。」私は答えた。「昨日、ある人がシラミを捕まえて火鉢で焼き殺すのを見ました。私もやはり胸が痛かったので、二度とシラミを殺すまいと誓いました。」知人は失望した表情を浮かべて言った。「シラミは取るに足らぬもの。大きな動物が死ぬのを見るのとは違います。私をからかうおつもりですか?」私は言った。「およそ血の通うものは、人間をはじめ、牛や馬、豚や羊、虫やアリに至るまで、生きることを望み、死を嫌う思いは同じです。どうして大きな動物だけが死を恐れ、小さなものはそうではないと言えますか。犬とシラミの死は同じです。だから比喩を言っただけのこと。からかうつもりなどありましょうか。信じられないのなら、10本の指を噛んでごらんなさい。痛いのは親指だけで、他の指は痛くないとでも？　体の部分の大小にかかわらず、肉があり血が通っているため、その痛みは同じです。ましてや、それぞれ生命を持ち呼吸をしているものたちのうちで、あの生き物は死を恐れ、この生き物はそうではないなどということがありましょうか。もうお帰りになって、落ち着いてじっくり考えてごらんなさい。カタツムリの角と牛の角を同じと考え、ウズラと鳳凰《ほうおう》を同じと見るのなら、今度いっしょに道について議論いたしましょう。」

――『東国《とうごく》李《り》相国集《そうこくしゅう》』より

李奎報（1168―1241年）。高麗時代の作家・文臣。儒教と仏教への造詣が深く、東明王に関する長編叙事詩『東明王篇』を著すなど多才だった。特に作家として朝鮮文学史に大きな足跡を残した。

李奎報のもとを知人が訪れ、前日の出来事から感じたことを語った。犬を殺す場面を見た知人は、その様子があまりに無残だったため、犬肉はもちろん、二度と肉食をしないと誓った。

ところが李奎報はその感傷が気に入らず、こんなたとえ話をした。誰かがシラミを捕るのを見てあまりにも悲しくて、自分もシラミを捕るのをやめるというのだ。その言葉が不愉快だった知人が責めると、その理由を説明した。すべての生き物はその大小を問わず生きることを望み、死を恐れるものだ、と。

李奎報の言葉通り、知人の感傷には欠陥がある。つまるところ、生命に序列を与える態度は誤りだからだ。李奎報はそこを鋭く突いて、シラミと指、カタツムリ、牛、ウズラ、鳳凰などを例に挙げながら、自分の論理を裏づけた。このような話し方は、相手を言葉で抑え込む際に役立つ。

しかし今日の目で見ると、李奎報の話し方はあまり適切とはいえない。知人は犬の死を見て命の大切さを感じ、彼なりに真剣に誓いを立てた。なのに、それに対して命の貴賤《きせん》を云々して差別だと批判するのはやりすぎだろう。

知人が李奎報の意図通り、生命の平等に気づいたとは思えない。きっと相当に不快に思っただろう。生命の大切さに目覚めた人の若い芽を踏みつけてしまったからだ。李奎報の話し方は、そのまま学ぶよりも反面教師としたほうがいいだろう。

07

実践

孟子

斉の宣王[*1]が尋ねた。「わしのような者でも、民をうまく治める名君になれるだろうか。」孟子はこう答えた。「もちろんです。」王がさらに尋ねた。「何の根拠があってそう言えるのだ？」孟子が答えた。「家臣の胡齕《ここつ》という者から、こんな話を聞きました。王様が宮殿にいらっしゃったとき、ある者が牛を引いて宮殿の下を通り過ぎようとしました。王様がその者に、『牛をどこに連れて行くのだ』とお尋ねになると、その男は『牛をいけにえにして、血を鐘に塗るのです』と答えました。すると王様は、『助けてやれ。罪もない牛が震えながら殺されようとしている様子はとても見ていられない』とおっしゃいました。その者が、『では鐘に血を塗る儀式はやめにしましょうか』と問うと、王様は『どうして大切な儀式をやめられようか。代わりに羊を使え』とおっしゃったとか。この話は本当ですか。」

王が言った。「そうだ、そんなことがあった。」孟子は言った。「そのお心があれば、十分に王者の務めをお果たしになられます。民はみな、王様がケチだから牛を惜しんだのだと言っておりますが、私はかねてより王様が慈悲深いためにそうされたのだと存じておりました。」

王が言った。「まったくその通りだ。ケチだと非難する民がいるというが、斉が小国といえども、わしがどうして牛一頭を惜しもうか。その罪もない牛がぶるぶる震えながら死を迎えようとするのをとても見ておられず、羊に取り換えよと言っただけだ。」孟子が言った。「だからといって、王様は民からケチだと思われているのを変にお思いにならぬよう願います。大きいものを小さいものに取り換えたからと、どうして他人がそのお気持ちを理解しましょうか。ただ不思議なのは、王様が本当に罪もなく殺されようとする牛を哀れに思われたのなら、なぜ牛と羊を区別なさるのですか。」王が笑いながら言った。「なるほど。どうしてそう考えたのだろう。わしが牛を惜しんで羊に取り換えさせたわけではないが、民がわしをケチだと思うのも無理からぬことだ。」すると孟子が言った。「お気になさいませぬよう。実はこれこそが仁を施す方法なのです。王様がそう言われたのは、牛は直接ご覧になったのに、羊はご覧にならなかったからです。君子は動物が死ぬのを見ていられず、死ぬときの声を耳にすれば、その肉を口にすることはできません。そういうわけで、君子は厨房には近づかないのです。」王は喜んで言った。「詩経に『他人は別のことを考えているが、自分はこれを推し量ることができる』とあるが、まさに先生のことを言ったようなものだ。自分がそのときになぜああ言ったのか、自分でもわからなかったが、先生が言ってくれたので腑に落ちた。しかし、このような心と、王の役目をうまく果たすことと、何の関係があるのだ？」孟子が言った。「ある人が王様に『自分は三千斤もある重いものでも持ち上げられるが、一枚の羽根は持ち上げられない。自分は細い毛の先でも見分けられるが、車に山ほど積んだ薪は見えない』と言ったら、王様はその言葉をお信じになりますか。」王が言った。「もちろん、信じられぬ。」孟子が言った。「ならば今、王様の慈悲が牛のような動物にまで及んでいながら、民には及ばないというのはいったいどういうわけでしょうか。一枚の羽根を持ち上げられないのは、力を出さないからです。車に積んだ薪が見えないのは、目をそむけているからです。同様に、民が恩恵を受けられないでいるのは、王様が慈悲を施さないからです。ですから、王様が王者としての働きをできないでいるのは、やろうとなさらないからで、決してできないからではありません。」

――『孟子』より

前項の李奎報の話と似ている。李奎報の知人は犬を殺す場面を見て肉食をしないと誓い、宣王はいけにえとして連れられて行く牛を見て哀れに思い、羊に取り換えよと命じた。二つの話で異なる点があるとしたら、李奎報の知人は肉食全体にまで視野を広げた一方、宣王の思いは牛のことにとどまったという点だ。

牛を羊に替えさせた宣王の行動を見て、民は牛が羊より高価だからだと非難した。王は決してそのつもりではなかったが、だからといってうまい言い訳も見つからない。

そんな思いを吐き出した王に、孟子は王自身にもわからなかった理由をはっきりと指摘する。王が牛は自分の目で見たが、羊は見なかったためだというのだ。おそらく羊が引っ張られていく姿を見たなら、王は羊も助けてやったことだろう。そして孟子は、その王の「小さな」気持ちにこそ名君になる可能性があると力説する。

今は名君ではないにしても、牛の痛みに対する共感を広げていけば、民を思いやる立派な王になれるというのだ。そして王が今、民への思いやりを持てないでいるのは、持って生まれた性格の問題ではなく、牛は見ても民を見ないからだと孟子は分析する。

三千斤の重い荷を軽く持ち上げられる人が、羽根を持ち上げられないのは、力がないからではなく、力を出さないからだ。それと同様に、王が牛の気持ちを思いやりながら、民の気持ちがわからないのは、そのような心や能力がないためではなく、そうしようとしないからだ。今からでも牛を哀れに思う心を民にまで広げるなら、十分に名君になれると、懇々と諭したのである。

このように李奎報の知人と斉の宣王は似通った状況に置かれていたが、これに対する李奎報と孟子の態度は、天と地ほどの違いがある。李奎報は知人の欠点を冷徹に指摘した一方、孟子は王の小さな長所を強調して励ました。同じ欠点が李奎報の目には短所となり、孟子の目には長所になった。

李奎報が批判したせいで、知人は犬を哀れに思う気持ちまで消してしまっただろうが、孟子に励まされた宣王は内面の温かな心を民にまで広げようと誓ったはずだ。

李奎報と孟子の違いは、真心の有無にある。自分を誇示するために、忠告の形を借りて相手をたたきのめす人は、李奎報のような冷たい話し方をするが、心から相手のことを思い、その人が変わることを望む人は、孟子のように柔軟で賢い話し方をする。

あなたが自分を誇示しようとして話していることに気づいたなら、自分の心を磨こう。また、真心を込めて語っていても話し方が冷たいと言われるようなら、言葉の使い方に気をつけてみよう。

＊1　斉の宣王（?―紀元前301年）：中国・戦国時代の斉（田斉）、第5代君主（在位：紀元前319―紀元前301年）。

おわりに

日本語版によせて

本書は言葉についての本です。話し上手とはどういうことか、話がうまくなるにはどうすべきかについて説明しました。ところで、言葉というものは、その言葉が使われている共同体の文化を反映しています。特殊性を帯びているということです。そのため、韓国社会で育った私たちが書いた本が他の国で刊行される場合、文化の違いから生まれる違和感が気になるものです。ですが、日本語版ではそうした心配がありませんでした。なぜなら、韓国と日本の両国は地理的にも近く、それだけ文化や生活スタイルもよく似ている隣国同士だからです。

もちろん両国にも違いはありますが、東アジアの哲学と文学を専攻した者から見たら、さほど大きなものではありません。本書で引用した人文学の古典も日本社会、少なくとも日本の学界ではよく知られている名前でしょう。朝鮮韓国の思想家については少々なじみが薄いでしょうが、李滉（99ページ参照）は藤原惺窩《せいか》〔1561－1619。安土桃山～江戸時代前期の儒者〕や佐藤直方《なおかた》〔1650－1719。江戸時代中期の儒者〕などの日本の儒学に影響を与え、早稲田大学政治経済学科に留学して近代の学問を学んだ崔益翰（133ページ参照）も日本とは浅からぬ縁があります。ですから、私たちは本書の真意がきっと日本の読者にまっすぐ届くだろうと期待しています。

日本語版の刊行を前に、心残りもあります。伊藤仁斎《じんさい》(1627–1705。江戸時代前期の儒者)、荻生徂徠《おぎゅうそらい》(1666–1728。江戸時代中期の儒者)、松尾芭蕉(1644–1694。江戸時代前期の俳人)、与謝蕪村(1716–1784。江戸時代中期の俳人、画家)といった、日本の偉大な思想家や詩人たちを紹介できなかった点です。韓国の作家が日本の古典を解説し、それがまた日本に紹介されれば、きっと面白みが増したことでしょう。同様に、李瀷《イイク》(1681–1763。朝鮮王朝期の儒者)や朴重彬《パクチュンビン》(1891–1943。仏教の一派である円仏教の教祖)などの朝鮮の独創的な思想家をもっと多く紹介できなかったことも残念です。もちろん本書は学術書ではありませんが、著者として正直に言えば未練が残るところです。

最後に、この場を借りてお礼をしたいと思います。みなさんの中には、BTS(防弾少年団)のVが本書を愛読していたことを覚えている方もいるでしょう。本書が日本で刊行されることになったのは、BTSのおかげでもあります。BTSとそのファンのみなさんに感謝の言葉を捧げます。

花の香りは風に逆らうことはできませんが、美しい人たちの言葉は風に逆らって世界へと広がっていきます。風に打ち勝つ美しさのように、BTSとファンのみなさん、そして日本の読者の方々の美しい言葉も、さらに広がっていくことを願っています。

2020年3月

シン・ドヒョン　ユン・ナル　拝

【著者紹介】

シン・ドヒョン

◉——人文学者。大学で哲学と国文学を専攻。幼いころから哲学を学び、東西の古典に親しんできた。世の中を変える勉強と自分を変える勉強は同時に進めるべきで、そうしてこそ本当の変化がもたらされると信じる。その第一歩として、“言葉の勉強”をはじめ、その成果を本書にまとめた。

ユン・ナル

◉——ソウルで高校の国語教師を務めながら、哲学をはじめとして人文学の勉強にもいそしみ、エッセイを執筆・発表している。他人の視線にとらわれず、新しく深みのある文章を書くために、日々努力している。

【訳者紹介】

米津　篤八（よねづ・とくや）

◉——朝鮮語・英語翻訳家。早稲田大学政治経済学部卒業後、朝日新聞社に勤務。退職後、ソウル大学大学院で朝鮮韓国現代史を学び、現在は一橋大学大学院博士課程在学中。翻訳書に『言葉の品格』『言葉の温度』（光文社）、共訳書に『チェ・ゲバラ名言集』（原書房）などがある。

世界《せかい》の古典《こてん》と賢者《けんじゃ》の知恵《ちえ》に学《まな》ぶ言葉《ことば》の力《ちから》

2020年4月13日　第1刷発行
2022年10月3日　第13刷発行

著　者——シン・ドヒョン　ユン・ナル
訳　者——米津　篤八
発行者——齊藤　龍男
発行所——株式会社かんき出版
東京都千代田区麴町4-1-4 西脇ビル　〒102-0083
電話　営業部：03(3262)8011㈹　編集部：03(3262)8012㈹
FAX　03(3234)4421　振替　00100-2-62304
http://www.kanki-pub.co.jp/

印刷所——シナノ書籍印刷株式会社

 ISBN978-4-7612-7488-7 C0030